马克思研究丛书之四

马克思工资价格及利润

（德）卡尔·马克思 著

朱应祺 朱应会 译

中央编译出版社
Central Compilation & Translation Press

图书在版编目 (CIP) 数据

马克思工资价格及利润 /（德）卡尔·马克思著；
朱应祺，朱应会译 . —— 北京：中央编译出版社，2022.5
（马克思研究丛书）
ISBN 978-7-5117-4037-3

I.①马… II.①卡… ②朱… ③朱… III.①《工资、价格和利润》 IV.① A123

中国版本图书馆 CIP 数据核字（2021）第 213749 号

马克思工资价格及利润

责任编辑	张　科
责任印制	刘　慧
出版发行	中央编译出版社
地　　址	北京市海淀区北四环西路 69 号（100080）
电　　话	（010）55627391（总编室）　（010）55627362（编辑室）
	（010）55627320（发行部）　（010）55627377（新技术部）
经　　销	全国新华书店
印　　刷	北京文昌阁彩色印刷有限责任公司
开　　本	710 毫米 ×1000 毫米 1/16
字　　数	50 千字
印　　张	7.75
版　　次	2022 年 5 月第 1 版
印　　次	2022 年 5 月第 1 次印刷
定　　价	2888.00 元（全 9 册）

新浪微博：@中央编译出版社　　　微　信：中央编译出版社（ID：cctphome）
淘宝店铺：中央编译出版社直销店（http://shop108367160.taobao.com）（010）55627331
本社常年法律顾问：北京市吴栾赵阎律师事务所律师　闫军　梁勤
凡有印装质量问题，本社负责调换，电话：（010）55626985

馬克斯研究叢書之四

馬克斯

工資價格及利潤

朱應祺
朱應會 合譯

上海泰東圖書局印行
1929

馬克斯的「工資」「價格」及「利潤」

譯者小引

本書是馬克斯一八六五年六月二十六日在國際勞動總務委員會席上的一篇演說文章，當時馬氏不過五十歲距今約六十餘年，兩年後即一八六七年「資本論」第一卷也已出版，所以他的經濟學體系那時已就成熟了。

這書原稿是英文的，是馬克斯死後所發見的遺稿，不是他生前出版的，編訂分節都是馬克斯的幼女伊利諾（Eleanor Marx Aveling）及他的女壻愛底瓦得（Edward Aveling）兩人的工夫，英文原本標題為「價值，價格及利潤」（Valve Price and Profit）德國本子是本斯泰因（Bernstein）所翻譯的標題為「Tohn Preis und Profit」本叢書現依德國譯本翻譯，因此，就題為「工資價格及利潤」。

說到本書的內容總可算是馬克斯經濟學的骨子又可說是「資本論」的縮圖。頁數雖

工資價格及利潤

1

譯者小引

少，而「資本論」上的重要問題大概都已涉及。尤其「資本論」第一卷的主要部分，更簡明的敍述出來。又剩餘價值學說史上所討論的許多問題也於本書的第八章及第十一章中明白解釋。所以研究馬克斯經濟學的人不可不讀「資本論」，而研究「資本論」的人，不可不先把這本小冊子反覆熟讀，所以我們把他譯出做為馬克斯研究叢書的第四種。

一七，七，二三，譯者識於申江

馬克斯的「工資價格及利潤」

序言 註一

諸君！本論研究以前，請稍爲讓我說幾句話就是現在歐洲大陸罷工的眞正流行病，和要求增加工資的一般呼聲非常高漲，將要成爲我們國際勞動者同盟大會（註二）的一大問題。諸君都是國際勞動協會的指導者（註三）對於這種重要問題當然有一定的成見；所以余不揣冒昧明明知道諸君必定會聽得疲倦厭煩的，但余還以爲這種重要問題應慎重考慮確是自己的義務。

（註一）這本小册子，本是馬克斯在國際勞動者同盟總委員會席上所發表的議論，英國社會勞動黨（English Socialist Labour Party）的發行本就將這

序言省略了。

（註二） 上述國際勞動者同盟大會即指一八六五年九月所開的國際勞動者同盟大會（International Woaking m n's Association）

（註三） 馬克斯這篇議論是一八六五年六月二十六日在前述之國際勞動者同盟總委員會（The General Cuneil of Internatoional Warking men sasociation）席上所發表的。（參照 Draba, Marx- Billia graphie, 1920 S, 38,）

還有一句話就是對於威斯敦君（註四）的議論須申明一下他對於諸君所提出的意見在勞動階級方面是極不歡迎的，而他以爲是有所貢獻於勞動階級，而且公然辯護他這種憤發的精神真是我們欽佩不已的。但是據現在的形勢看來他的議論在理論上還有誤謬實際上則有危險我的論文的調子雖過於突露而其結果我以爲也是他議論根底上的正當思想且是與他一致的我並希望他也能發見這種相同的結論現在閒話休提，我

們且將應欲研究的問題開始討論罷。

（註四）威斯敦（John Weston）是一個奧溫（Owen）派社會主義者，又是國際勞動者同盟協會有力委員之一人。他從前在總務委員會席上曾朗讀過關於勞動工資的論文據他的意見勞動工資額是因生產物額而決定的，若從勞動階級全體利益上看起來勞動者爲要求增加工資而實行罷工可以說是毫無意思的舉動。

馬克斯的「工資」「價格」及「利潤」目錄

序言

第一章 勞動者要求增加工資是無益的事情嗎？……一

第二章 工資騰貴對於生產物分量及價格的影響……六

第三章 工資的漲跌對於貨幣增減的影響……二三

第四章 需要供給的法則……三一

第五章 工資與物價……三五

第六章 價值（及價格）與勞動……四二

第七章 勞動力……五九

第八章 剩餘價值的生產……六四

目錄

第九章　勞動的價值 …… 六九

第十章　利潤是依照商品實在的價值出賣所得的 …… 七二

第十一章　剩餘價值的構成部分 …… 七四

第十二章　利潤工資及價格的一般關係 …… 八〇

第十三章　勞動者運動增加工資或反抗減少工資的重要事例 …… 八四

第十四章　資本和勞動的鬥爭及其結果 …… 九六

第一章 勞働者要求增加工資是無益的事情嗎？（註一）

威斯敦（John Weston）的議論實際上是根據兩個前提：第一，國民的生產額是一定的，即數學家所說的一種不變的分量或大小的意思；第二，真實工資（real wages）額也是一定不變的，即以真實工資（即真實工資和以貨幣表現的工資——即名目工資 nominal wages——是對偶的）購得商品之分量而測定的工資額是一定不變的。

（註一）這個標題德國本斯泰因（Bernstein）譯為「國民生產物與工資分配」英國原本題為「生產與工資」。

但威斯敦君的第一個主張完全錯誤了。因為生產物的價值與分量是年年增加，而國民勞働的生產力也是年年增加；因此要流通那每年遞增的生產物所需要的貨幣分量也是常常變動，這都是諸君所知道的。在一年的年底或在互相比較的相異數年間那真實的

第一章 勞動者要求增加工資是無益的事情嗎

東西【即是某種變動】即在各年間的平均日【例外暫不管他】也是眞實的。【即也是變動的。】國民生產物的分量或大小,是繼續變動的;生產物的數量是可變的並非不變的我們雖然丟開人口的增減變動不講,然而那資本的蓄積和勞動的生產力仍舊是變動不居的,所以生產物的數量,也不得不因此而變動了。假使一般工資率,即刻就騰漲起來其結果如何姑置勿論,但不能因工資騰貴馬上就使生產額變動毋庸疑義,所以工資率騰漲國民生產額也不能即時發生變動。但據我的揣想:如果工資沒有騰貴以前,國民生產物的分量是可變的不一定的時候,那工資騰貴以後仍然是可變的是不一定的。

現在我們假定國民生產額不是可變的,是不變的時候,我們朋友威斯敦所認爲論理的歸結總不免是一種無理由的主張。例如「八」這個數目他的絕對的限界並不妨礙他各部分互相間相對的變更,假使最初利潤是六工資是二的時候,雖然工資忽然增加到六而利潤減少到二,結果那總量仍舊是八所以那絕對的限界是不變的,縱然國民生產

額是一定的，決不能證明工資額也是一定的，然則我們的友人威斯敦君，要怎樣才能證明他那一定不變的事情呢？必定說我們主張什麼就可以證明什麼。

（註二）有些人以為因主張某事常常可以證明某事例如普魯東（Proudhon）君，因主張某事而證明某事於是我們可以知道他所主張的地方即是他證明的地方，他所假定的地方即是他否認的地方。（……Herr Proudhon beweist es, indem er es behauptet, Wir haben es gesehen: behaupten heisst für ihn beweisen, wie voraussezen leugnen heisst,）（參照「哲學之貧困」（Elend der philosophie S. 131）

退一步說就算他的主張是正常的，——他雖是注重一方面的議論——實則這種同樣的理論，兩方面都可以適用的即假使那工資額的大小是一定不變，則無論增加與減少，都是不可能的。所以勞動者要求工資一時的增加固然是愚蠢的行動，而資本家要求工資

第一章 勞動者要求增加工資是無益的事情嗎 四

一時的減少也同樣是一種愚蠢的行動。我們的友人威斯敦君，一方於一定情形之下承認勞動者要求增加工資的事實但僅承認工資額是自然的一定的以後必定會起反動變化的。他方，他又承認資本家要求工資減少且實際上不斷的努力要求減少然依據這種工資不變的原則則後者的情形應與前者相同繼續的惹起某種反動變化所以勞動者實行反抗資本家減少工資的計畫或運動應認爲是一種正當的一切反動，馬上又可以算做是工資增加的運動所以勞動者強要工資增加也當然是一種正當的行動因此卽根據威斯敦君的工資不變原則，而勞動者們於一定情形之下爲增加工資不可不有相當的團結和奮鬥。

若他否認這種結論則產生這結論的前提，也不可不同時放棄卽是他不能說「工資額是一定不變的分量」的話旣說是一定不變當然是不能增加而且不應該增加但在資本家方面可以說如要減少工資則隨時都可以任意減少並且可以要他減少照這樣說來

如果諸君希望資本家飼養諸君不屑肉食而代以馬鈴薯不用小麥而代以燕麥諸君怎必定會依據經濟學上的一法則（註三）身不由己的，樂從他的意志能了。又如某國的工資率比他國較高比方美國的工資率比英國較高諸君必定會依據美國資本家的意志與英國資本家的不同，來說明這個工資率的差異，——這個方法的確不單是使經濟現象的研究化為單純即其他一切現象的研究，也能夠依這方法而化為單純了。

（註三）「人類為維持生活計實行社會的生產時常身不由己的順從那一定的必然的諸關係」所謂身不由己的——非自己意志而獨立的——關係，就是人類對於那種關係，不問他意欲與否或意識與否發現這種關係的客觀的法則，確是經濟學的任務。

但雖然到這個時候我們還能夠發出質問：「為什麼美國資本家的意志與英國資本家的意志是相異的呢？」諸君若要答覆這種質問，就不能不出乎諸君意志範圍以外又或

第二章　工資騰貴對於生產物分量及價格的影響（註一）

（註一）這個標題在英國通行本標為「生產，工資，利潤」，在德國譯本標為「工資變動對於生產物分量及種類的影響。」

有人說：「上帝在法國意想這種事實，而在英國又意想那種事實。」如果我再向他要求說明意志的二元性的時候，他必定會老着臉皮的答道：「上帝在法國有這種意志，而在英國則有那種意志。」但是我們的友人威斯敦君決不是否認一切推理，而沿沿議論的人。資本家的意志完全在多取多得，所以我們的目的不是想說明他的意志乃是想研究他的力力之界限及界限之性質。

威斯敦君向我們所讀的演說辭總括起來可以得下述的歸結即若勞動階級強迫資本階級不支付現金工資四先令，而支付五先令的時候資本家賣去商品所得回

的價值，就是四先令而不是五先令，即在工資沒有增加以前勞動者以四先令可買得的東西到現在非支付五先令不可。但這是什麼緣故呢？為什麼資本家支付五先令僅能收回四先令呢？因為工資總額〔以工資總額購買商品的分量所測定之工資總額，（即與實工資 Real wages）〕是一定不變的但為什麼工資總額就一定是四先令價值的商品呢他為什麼不定為三先令或二先令或其他一定數目的價值呢如果工資總額的限度不是偏於資本家的意志或勞動者的意志而根據一種經濟的法則而決定的時候那麼威斯敦君第一就應該把這種法則記述出來並且要證明出來其次，威斯敦君對於在一定時間內事實上所支付的工資總額是否常常和那種必然的工資總額相符，並且決不是相背的，也應當證明一下反之，如果工資總額的一定限度是單根據資本家一方面的意志或是根據他的貪慾的限度時這只可算是任意的限度並非何等必然的限度。即是，如果因資本家的意志可以變化這種限度那就反乎資本家意志的工資總額限度，也是可以變化的。

第二章　工資騰貴對於生產物分量及價格的影響

威斯敦君舉一個例證來解釋他的學說他說：「有一個盛着一定量湯汁的羹盆，若由一定人數去和飲時不能說因調羹寬度的增大那湯汁的分量也可以增加。」他這種例證却是弄巧反成拙了。因此我又想起阿格利巴（Agrippa）所引的一個比喻當羅馬的平民反抗羅馬的貴族時貴族阿格利巴就告訴他們說「貴族譬若腹平民譬若手足所以貴族可以養活屬於同一政治團體的平民」但是阿格利巴不能證明我們因塞滿了國民勞動生產物全部的而且勞動者不能從盆中多取食物的原因一不是那盆，二不是那盆之內容不充分完全是歸咎於調羹的狹小能了。

但是資本家有什麽方法可以把四先令價值的東西變成五先令呢？就是抬高他所賣商品的價格。至於商品價格的增加或變動總而言之商品的價格是單跟着資本家的意志如何而決定的嗎又實現資本家的意志時還須有什麽一定事情發生嗎？如果沒有一定事

情發生那麼市場價格的起落或不斷的變動眞是一個不可解的隱謎了。

我們假定勞動生產力或投下的資本或勞動的分量或計算生產物價值的貨幣價等，都沒有什麼變動但工資率有了變動時為什麼工資的騰漲就可影響於各種商品的價格呢？這原因極其簡單，卽是因各種商品的需要供給間之實際的比例而發生的影響。

就全體來觀察勞動階級所得的收入多半是消耗於生活必要品上並且是必要的費用。所以工資率一般的騰貴必定惹起生活必要品需要的增加並惹起必要品市塲價格的騰貴於是生產這些生活必要品的資本家，就把這商品騰貴的價格去填補那增加的工資。

但是那些不生產日常生活必要品的資本家，（卽生產奢侈品的資本家）却又怎麼樣呢？並且這些資本家為數亦復不少。如果諸君對於〔英國〕國民生產物的三分之二是為五分之一的人口所消耗的事實仔細考察一下，〔英國〕的衆議院一議員謂最近不過是人口的七分之一）諸君必定知道國民生產物的大部份必須製造為奢侈品，或和外國生產

第二章 工資騰貴對於生產分列數量及價格的影響

奢侈品交換而且這種生活必要品浪費於家庭間畜養奴僕馬貓犬豕等又不知多少分量。但這種浪費依據我們的經驗因生活必要品的騰貴當然會大受限制的。

但是那些不生產生活必要品的資本家的地位，却與上述生活必要品的資本家不同了。因為一般工資騰貴結果就是利潤率下降；他們既不生產生活必要品所以市場上的需要，不能增加需要既不能漲高商品價格去填補增加的工資。於是，他們的所得漸次減少並且要在這減少的所得中支付比從前同一數量的騰貴了的生活必要品。不但如是，他們因所得減少同時還要多的貨幣以獲得和從前同一數量的騰貴了的生活必要品。不但如是，他們因所得減少同時對於奢侈品的開銷也當然減少因此他們互相間對於他們生產品的需要，也是要減少的結果他們商品的價格，也就不得不低落了。所以在這類產業中利潤率低落不僅是與一般工資騰貴，生活必要品的價格騰貴及奢侈品的價格低落成複比例同時又是與一般工資騰貴成單比例了。

10

各種產業所用的資本因產業不同而生出利潤率的差異時，將發生什麼結果呢？不用說，那少為利潤率根據某種原因在各種產業中發生差異的時候則無論何時那一般所生的結果，也必定會發生差異。因此資本與勞動必定會從那利益較少的產業向那利益較大的產業開始移動。這種移動的步驟，要等到一種產業的供給增加到與增加的需要及其他種產業的供給減少到與減少的需要均衡的時候才能中止的。等到這種變動完了後，那在各種產業的一般利潤率又再行回復平均。因為這種混亂的變動本是起於各種商品需要供給的不平衡，所以因工資騰貴而使利潤率低落的現象不單是某種產業的現象，僅是一般產業的現象照前述的假定說起來，勞動的生產力和生產的總額都沒有什麼變動所變動的，就是一定生產物額的形態，換句話說生產物之大部分或變形為生活必要品，其小部分或為奢侈品，重複的說即小部分的生產物或和外國的奢侈品相交換，大部分的生產物，

第二章 工資騰貴對於全產物分配及價格的影響

或於本來形態（即生活必要品的原形）就被人消費，再重複的說即國內生產物的大部分，變為不與外國的奢侈品相交換而與那生活必要品相交換了。所以工資率普遍的騰貴，擾亂一時的市場價格後對於各種商品的價格並沒有長久變動的影響，僅僅惹起利潤率一般的低落罷了。

如果有人攻擊我以上的議論說：我所假定剩餘工資（即因工資騰貴而增加的部分）的全部是單只消費於生活必要品的時候，我可以答復他我這個假定是最適合於威斯敦君的意見的，如果剩餘工資是消耗於原來不屬於勞動者消費範圍以內的品物上面，那麼，他們的購買力的確已經增加可謂一目瞭然，但是他們購買力的增加恰好與那資本家的購買力減少是正相應。所以諸種商品所發生的那末，這種購買力的增加單是各種商品需要的構成部分的變動能了。變動情形，不是對於各種商品總需要的增加，卻是一方面的需要遞增因他方面的需要遞減，而互相抵消結果，總需要是保持不動的狀

一二

態。而商品的市場價格，也不能有什麼變動。

於是，我們就碰着以下的難關即剩餘工資，〔即因工資率騰貴所增加的工資〕完全是消耗於消費財上（生活必要品及奢侈品）的呢？還是單只消耗於某種物品上（生活必要品）而使這物品的市場價格，一時騰貴的呢？在前者的情形是勞動者方面的需要增加有資本家方面的需要減少足以相抵償在後者的情形所發生的結果某種產業的利潤率增高而他種產業的利潤率下降遂惹起資本和勞動分配上的變動結局在前者的產業，供給和需要相平衡這種變動才能停頓。在後者的產業，供給的減少要，到和已經減少的需要相平衡，在後者的產業，供給的增加要等到和已經增加的需要相平衡這種變動才能停頓。

什麼變化在後者的假定之下市場價格稍有搖動後各種商品的交換價值還是回復以前水平線上的標準價值所以無論何種假定凡工資率一般的騰貴結果不過發生利潤率一般的下落罷了。

工資價格及利潤

一三

馬克思工資價格及利潤

13

第二章　工資騰貴對於生產物分量及價格的影響

威斯敦想混亂諸君的思想所以說「假使英國農業上的工資一般的從九先令騰漲至十八先令的時候諸君想一想將發生怎樣的困難又生活必要品的需要極端增加時他的價格將怎樣的騰貴」？但是你們都知道美國農業勞動者的平均工資比英國農業勞動者的平均工資總在二倍以上至於美國農業生產物的價格也要比英國的低廉而資本和勞動的一般關係無論英國美國都是同樣每年的生產額，英國雖多於美國而美國農業勞動者的平均工資要比英國農業勞動者的平均工資多至二倍（註四）以上然則我們的朋友，為什麼故意做此警句呢？這也不過是擺脫我們面前的真正問題罷了。從九先令飛漲到十八先令的工資騰貴就是百分之百的騰貴現在我們並不是議論英國一般工資率能否飛漲到百分之百的問題我們以為工資一時騰貴的多少是沒有什麼作用的那工資的騰貴，須要根據各種實際上既定事實並且要適應於各種實在情形我們只應該說明工資一般的騰貴，——雖然只騰貴百分之一——究竟發生怎樣的作用。

（註四）英國社會勞動黨出版的"Lucian Senial"脚註說「馬克斯作了這篇文章後，已經過三十五年了，（距現在差不多六十餘年。）這個當中英美兩國相對的事情不但是農業上卽生產的各方面都有很大的變化。然而對於馬克斯的議論及結論都沒有什麽影響自不待言。」

我現在把威斯敦君工資騰貴百分之百的幻想暫且不講請諸君注意英國從一八四九年至一八五九年所發生的眞正工資騰貴的事實。

諸君都知道：一八四八年以來所採用的「十時間制限法」正確說來就是「十時間半制限法」這又是我們所目擊的一種最大經濟變動就是「十時間制限法」這又是我們所目擊的一種最大經濟變動就是一種突然的而且強制的工資騰貴這種變動，【工資騰貴】不是發生於某地方的事業乃是發生於英國以此左右世界市場的主要各種產業而且這種工資騰貴恰好是在此惡劣環境之下所發生的攸耳（ure）博士西寧（Senior）教授及其他一切代表中產階級經濟學的辯護者等，都證明這種十

第二章 工資騰貴對於生產物分量及價格的影響

時間制度，是英國產業上的致命傷。我敢斷定的說他們所根據的理由實遠過於我們朋友威斯敦所持的理由。他證明勞動時間制限法不單是歸結於工資單純的騰貴因勞動量需要的減少所惹起的，而且以此為基礎的工資騰貴他們主張說「我們從資本家手裏所要奪取的第十二時間，正是資本家從此所獲得利潤的唯一時間。」因此，他們並聲言將來必發生資本蓄積的減少。物價的騰貴，市場的凋敝生產的減少結果，又必發生對于工資的反動以至于窮極的破滅等等事實上他們明言：「羅伯斯庇亞氏(Maximilian Robespierre) 的【生活必要品的】「最高價格律」(maximun Laws) 也不配和這椿事情比較」他們的主張在某種意義上亦有相當理由但其結果縱令勞動者一日的工作時間縮短然而各工廠工人的現金工資反到騰貴工廠雇用的工人數目也同時增加他們生產物的價格繼續低落他們勞動的生產力，也非常發達他們的商品消場，必繼續的擴充，為前古未有的現象。一八六〇年，我在曼徹斯特(Manchester) 科學進步協會(註五)席上，曾親

自聽見牛曼（W. Newman）氏說他自己及攸耳（Ure）博士栖爾（Senior）教授及其他經濟學上的辯論者等都是錯誤了唯有民衆本能方面的主張到是眞的我現在不說及法蘭西斯牛曼（Francis Newman）教授而特把威廉牛曼（W. Newman）舉出的意思因為他在經濟上占了很重要的地位並且他是托馬斯托克（Thomas Tooke）（一七九三——一八五六年間研究物價歷史的學者）所著「物價史」（Mr. Tooke's History of Prices）的投稿人兼編輯者。假使我們的朋友威斯敦君所主張什麼都是一定的又資本家的意志也是一定的——工資總額生產總額及勞動生產力的程度等都是一定的及斷定的觀念——是正確的時候那麼栖爾教授的悲觀預言也必定是正確的。同時奧溫（Rolert Owen）氏的行動反是錯了因為他於一八六一年宣言勞動日（即一日的工作時間）一般的制限是準備解放勞動階級的第一步他並不把一般的偏見放在心上實際上在新拉拿爾克（New La

第二章 工資騰貴對於生產物分量及價格的影響

（註五） Society for the Advancement of Science (remark) 地方他自己的紡績工廠裏面已經實行這種工作時間制限了。

至於採用十時間制的結果就引起工資的騰貴恰好當時因種種理由——那些理由，此處不必列舉，——英國農業界的工資也一般的騰貴了。

我陳述我的意見以前預先說幾句話這並非為我直接的目的，實是為免除諸君的誤會起見讓稍為注意一下。

比方某人每星期所得的工資為二先令，現在增加到四先令，這就是工資率騰貴到百分之百了。這種現象，在工資率騰貴的表面說起來增加一倍的工資似乎很好然實際上因物價的騰漲還是不足以充飢禦寒所以諸君不可為工資率的百分比例的增加所眩惑，必定要想一想當初【一定工資率沒有騰貴以前】工資總額究竟是怎樣的情形？

還有一件很明白的事情即如果有十個人每星期各得二先令五人每星期各得五先

令，又有五人於每星期各得十一先令的時候這二十八合計每星期共得一百先令（即是五磅。）現在假定他們每星期的工資總額上騰貴百分之二十即是從五磅增加到六磅這時候照平均計算一般工資率可以說是增加了百分之二十但實際上其中有十八的工資還是照原來的樣子有五人的只是由五先令增加到六先令其他五人的工資是由五先令增加到七十先令。如果工資是真正的照這樣的增加我們可以說這些二十八其餘四分之一人數的地位才是真正改善了，但是，如果我們再半均的計算一下他們這二十八其餘四分之一人數的地位絲毫沒有改善其餘四分之一人數的地位可以說稍有改善又其餘四分之一人數的地位才是真正改善了，但是，如果我們再半均的計算一下他們這二十八的工資總額確係只增加了百分之二十。而雇傭他們的資本總額和他們所生產各種商品的價格在這種工資總額增加百分之二十的範圍內他們都同樣的受這種工資平均增加的影響，英國和蘇格蘭各州的情形非常差異所以工資騰貴影響於勞動業勞動上的標準工資英國和蘇格蘭各州的情形非常差異所以工資騰貴影響於勞動的情形也是很不相同的。

第二章 工資騰貴對於生產物分量及價格的影響

最後，還有一件可注意的事當工資騰貴發生期間，各種對抗的勢力也同時開始活動，如俄羅斯戰爭的結果增加各種新租稅，和農業勞動者住宅的破壞等都是。上即所述的冒頭語大概如是。現在要說明的是：從一八四九年至一八五九年間，英國的農業工資平均率差不多增加百分之四十的事實我本可以詳細的向諸君說明以證明我的話是實。但為現在的目的計我以為只要把一八六〇年巴故穆爾頓（I. C. Morton）在倫敦文藝協會席上所宣布關於「用於農業上的力量」（The forces used 'n Arri-culture）的批評論文指摘出來，就算夠了。穆爾頓這種論文是根據農人口頭報告及各種確實的簿據文書等類所編成的即是根據居住蘇格蘭十二州和英格蘭三十五州的農夫約百人上下的口頭報告各種計算書簿據，及其他可靠的文書等類所編成的。

據上所述農業工人的工資這樣的騰貴，如果我們認定威斯敦君的見解是正確的同時又把當時工場工資騰貴的情形合而觀之，那麼一八四九年至一八五九年間農產物的

價格應該非常騰貴然按之事實卻完全相反為什麼呢當時雖有密爾斯戰爭且自農產要價格，一八五六年間都是收穫不豐然從一八三八年至一八四八年間，英國的主要物如小麥的平均價格每一罕突（quarter）的價格約值三磅到了一八四九年至一八五九年間小麥每一罕突的價格反低落到二磅十先令即英國農業上的平均工資率雖已騰貴到百分之四十同時小麥的價格反下落到百分之十六以上了。在這個期間內，我們把初期和終期即把一八四九年和一八五九年間政府接濟工人的數目比較就知道是從九三四‧四一九人減少到八六○‧四七○人兩數相差為七三‧九四九。這種相差的數目即是減少之數且減少的程度，也是很小過了數年這種減少雖然慢慢的沒有了但減少的事實還是有過了的我們可以說英國自取消「穀物條例」（The Corn Laws）以後從一八四九年至一八五九年間外國穀類的輸入比較一八三八年至一八四八年間所輸入的多至二倍以上如果依據威斯敦君的見解，對于外國市場這樣忽然的庞大的而且繼續的穀物

第二章 工資騰貴對於生產物分量及價格的影響

需要增加，必定使外國市場上農產物的價格，非常的騰貴，毫無疑義因為某種商品需要增加的影響無論起於國內或國外都是趨於同一現象沒有什麼變化的但事實上又是出於吾人意料之外即除表那數年間的歉收年間外在這個全體期間內穀類價格非常的跌落當時法國人常視為議論中一重大問題美國人甚至於非將他的剩餘生產物焚燬不可了至于俄國方面據厄赫特（Urquhart）說俄國的農業輸出品在歐洲市場上因和美國人競竟被他壓倒了所以才煽動美國的南北戰爭以減少他的輸出的。

威斯敦君的議論如照抽象的形態說來即一切需要的增加，必定發生于一定生產總額的基礎上而所以需要的增加決不能增加所需的各種商品的供給只能使各種商品的貨幣價格騰貴能了。但是我們只要稍為推考一下，即刻就可了解有時雖需要增加那市場價格馬上就騰貴起來于是或供給的市場價格完全不生變化有時需要一經增加，或價格復原趨於原來的水平狀態但多半還是低落到水準以下的價格。至於需要增

加的原因，是否發生於剩餘工資（因工資騰貴所增加的部分）或其他原因，對於這個問題的條件是絲毫沒有變更的。如果依照威斯敦君的見解，無論說明一般的現象或說明因工資騰貴這種特別事件而發生的現象，都是一樣的困難所以他的議論對於我們所欲論述的問題並沒有什麼特殊的關係，他不過是想說明：「需要增加的結果工資不發生市場價格的騰貴，只發生供給的增加」的一種法則但他的議論卻又是表示他毫沒有理解這種法則的一樣。

第三章　工資的漲跌對於貨幣增減的影響（註二）

威斯敦君在這個會議席上討論的第二日把他原有的主張改變斷形式他說：「現金工資普遍的騰貴以後則必定要較多的貨幣去支付工資。」貨幣的分量，既是一定又怎麼能夠以一定分量的貨幣去支付已經騰貴的現金工資呢？前章所論問題的困難是發生於

第三章 工資的漲跌對於貨幣增減的影響

不管現金工資騰貴如何,而勞動者應得的商品分量,生於不管商品的分量是否一定,而現金工資是騰貴的不庸說假使諸君不承認他第一斷案那末第二個難關當可迎刃而解了。

(註一) 德國的譯本標題為「工資的變動(漲跌)和貨幣的變動(增減)」英文原本題為「工資和貨幣」(Wages and Currency)

但是,我現在想說明這個貨幣問題和我們要進行討論的題目完全沒有什麼關係。英國金錢支付的組織比較歐洲那一國都要完善社會上因受銀行制度的擴張及集中之賜凡週轉同一量的價值,或實行同一或較大量的商品交換時所需貨幣的分量較之其他各國少得多今以工資範圍的例來說明一下大概英國的工廠工人都是把自己每星期所得的工資付給小賣商人這種小賣商人又將所得的貨幣每星期送存銀行各銀行即把這貨幣交還工業家各工業家將這貨幣支付自己工廠的工人如此輾轉支付流通所

以各人手中所存的現金貨幣，極爲稀少比方，一個工人每年所得的工資共計五十二鎊如果照這種組織方法每星期只要一金鎊就可支付他的工錢這種組織，英格蘭還不如蘇格蘭那樣完備。並且英格蘭各地方的組織也不是到處一樣完善的。所以農業發達的地方比較事只工業發達的地方人民實行小量的價值交換時常常要大量的貨幣才能週轉靈便這是人人知道的。

假使諸君渡過海峽，走到歐洲大陸一看，就可知道：各國的現金工資，較英格蘭要低得多；並且德國法國瑞士及意大利等國，都是比較要大量的現金貨幣才能流通自若而同一貨幣也不能和英格蘭同樣，一二星期就可以轉入於銀行或資本家之手所以在英國每年得五十二鎊的工人，一年中只要一個金鎊的現金貨幣才能流通自若照這樣看來歐洲大陸恐怕每年得二十鎊的工人，都要三個金鎊的現金貨幣才能流通自若。照這樣看來歐洲大陸諸國與英國相比較時我們可以知道：現金工資低廉而國家所需要的流通貨幣比那現

第三章 工資漲跌對於貨幣增減的影響

金工資騰貴的國家還要多得多，但這是專門上的研究問題和我們現在所討論的問題又是毫不相干了。

據我所知道最正確的統計，英國勞動階級每年所得的總工資約計二億五千萬鎊，照上所述雖這樣龐大的金額只要三百萬鎊的貨幣就可流通靈便，現在假定英國工人的工資增加了百分之五十，這時候的流通貨幣就是四百五十萬鎊。但是工人每日費用的大部分都是用銀幣或銅幣等一種補助貨幣去支付的，這種補助貨幣的價值，對於現金貨幣只有相對的價值，即是根據法律任意所定的名目價值，差不多和那不免現的紙幣相等，上述英國工人的工資假若增加百分之五十，那就要四百五十萬鎊的現金貨幣才能流通自若。今若除去工人日用大部分的補助貨幣外，只要追加百分之五十即四百萬鎊的現金貨幣就可流通夠用了。於是從前埋藏於英格蘭銀行或私營銀行地下室的一百萬鎊金塊或地金到這時候也必定會鑄造出來流通了，流通貨幣的增加當然要發生貨幣上相當磨毀的損失，

這一百萬鎊的現貨追加鑄造或追加磨損其中所生的消耗損失如果要減省當然可以減省並且事實上可以減省的。英國的通貨本來分為二大類其一為各銀行發行的鈔票商人互相間或消費者與商人間彼此的交換上大宗款項皆屬這種貨幣其二卽金屬貨幣小販商人的交易通用這種貨幣這兩種貨幣形式上雖各有不同而其職能作用還是互相交錯的例如支付大宗款項時凡五鎊以下的另數大概是用現金支付所以假使明日就發行這種四鎊或三鎊或二鎊等鈔票時則流通這種徑路上的現金貨幣必自然的被他驅逐慢慢的流通到那必要這種現金貨幣的地方去了所以因增加工資百分之五十所需要百萬鎊的貨幣就不追加一個現金貨幣也可以供給足用又如郎卡席州（Lancashire）僅加發一種支票並不加發銀行鈔票也可以流通。轉這種發行支票的事實已經很久了。

關于工資率一般騰貴的問題例如威斯敦君假定農業的工資率一般騰貴為百分之一百時生活必要品的價格一定會非常的騰漲又據他的見解這時候因物價騰漲決不能

二七

第三章 工資的漲跌對於貨幣增減的影響

得到必要的貨幣追加量，那末工資率一般的下落在反對方面也一定會發生同樣規模的同一結果。不錯諸君都知道一八五八年至一八六〇年間是紡績業最旺盛的時期尤其一八六〇年差不多是商業史上無與倫比的年代同時他種產業也非常隆盛所以紡績工人及與紡績業相關係的產業勞動者的工資在一八六〇年已激至從來未有的高價接着就是美國產業界的恐慌所有這類產業勞動者的工資忽然就低落到從前工資額的四分之一了。翻過來說：如果假定在騰貴方面即可說工資是騰貴了百分之四百。因爲如果工資率是從五漲到二十時我們便說工資率騰貴了百分之四百。但是若從二十低落到五時我們即說工資率低落百分之七十五了。即前者騰貴額和後者低落額雖同是十五先令這樣情形可算是工資率未曾有的突然變動現象同時職工的數目除直接從事紡績業的以外，計間接與紡績業相關的職工總數，約在農業勞動者一倍半以上但是這時候而平均價格曾低落了嗎？據統計上的調查從一八五八年至一八六〇年三年間小麥的平均價格每一

罕突(quarter)為四十七先令八辨士到了一八六二年這三年間小麥的平均價格每一罕突為五十五先令十辨士兩相比較計騰貴了八先令二辨士。至於流通貨幣是怎麼樣的情形呢？一八六〇年英國造幣廠所鑄造的數額為三百三十七萬八千七百九十二鎊一八六一年（所鑄造的數額）為八百六十七萬三千二百三十二鎊，即一八六一年所鑄造的數額比較一八六〇年多至五百二十九萬四千四百四十鎊。惟銀行鈔票於一八六一年比較一八六〇年確是減少了百三十一萬九千鎊今再從那增鑄的現金貨幣五百二十九萬四千四百四十鎊中減去這百三十一萬九千鎊的鈔票而一八六一年比較一八六〇年所鑄的流通貨幣還多三百九十七萬五千四百四十鎊，即約計四百萬鎊是增鑄的數額至於英格蘭銀行的準備地金其減少的數目縱然不相這數目完全相同，而總在這個數目的上下了。

我們再把一八六二年與一八四二年間市面的情形比較一下：一八六二年，除了市面

二九

第三章　工資的漲跌對於貨幣增減的影響

各種商品的價值和分量有極大的增加外單只對于英格蘭及威爾斯的鐵路股票與公司債務所應支付的資本已達三億二千萬鎊這種厖大的金額若在一八四二年當然是認為不可信憑的數目但是一八六二年與一八四二年間流通貨幣的總額差不多是相等的，一般的說來各種商品的價值及金錢交換上的慣值，雖然繼續增加但是流通貨幣的分量反漸次有減少的傾向。若依據威斯敦君的觀察說來，這又是一個不可解的隱謎了。

威斯敦君如果把這個問題稍稍嚴格的考察他必定會知道以下的事實：——工資問題，姑勿置論，如今且假定他是一定不變的。——即市術上流通的各種商品價恤及分量及一般決算上所用的金錢交換總額都是日日變動的其次如銀行發行的鈔票總額不須貨幣作媒介而專靠期票小支票賬簿上的信用及因期票交換所的媒介而實行支付的欵項等都是日日變動的複次現實的金屬貨幣既然是必須的，那在市面上流通的鑄造貨幣及徹銀行準備金的條金和地金之比例是日日變動的最後因國內流通所吸收的地金的分

量與因流通國際間而輸送國外的地金分量也是每日變化不定的。因此，威氏必定會明白從前他所謂「通貨的分量是一定不變的」這種獨斷是大錯而特錯的誤謬，和我們日常所見的變動是根本不相容的。如果他明白了這一點那末他必定變更他的關於通貨法則的誤解不唱反對工資增加的議論，而研究使通貨適應於這種變化不定的法則了。

第四章 需要供給的法則（註二）

（註一） 本章英文原文標為「供給與需要」(Supply and Demand) 德國譯為「關於工資的測定。」

威斯敦君信奉「反復是研究之母」這種俗諺，（拉丁語為 Repetitio est mater Studiorum）所以對於他最初的獨斷反復改變新形式遂謂「因增加工資所生通貨的減少必發生資本減少的結果」。但是，關於他貨幣上的奇怪思想我業經批評過了，因此，對

三一

第四章 需要供給的法則

于他所想像的貨幣上的難關而生出他所想像的結果,當然沒有深究的必要。我現在把他以種種形式反復說明的同一獨斷,改為最簡單的理論形式推論如下。

威斯敦氏討論這個問題時完全沒有用批評的方法,他對於增加工資,或已經增加的高價工資,仍持反抗的論調。但是,我却要問他高價的工資是什麼低廉的工資又是什麼?如每週五先令,為什麼是低廉工資?每週二十先令,為什麼是高價工資?如果承認五先令的工資,是比二十先令低廉,那麼二十先令的工資比二百先令的工資豈不是更低了嗎?如果有人說明寒暑表的本質時,最初就舉出溫度的高低決不能使人了解寒暑表是什麼,他必定要先向我們說明:要如何才能發現冰點?要如何才能發現沸騰點?又為什麼這些標準點不是為販賣者或製造者之嗜好而定的,乃是根據自然法則而定的。如今威斯敦對於

工資及利潤，不獨不能由經濟法則，演繹這種標準點並且對於這種標準點不威覺有考究的必要。工資的大小必須要經一定的標準比較測定才能斷定他的高低威斯敦君則不然。

他對於標準點不加考究反承認普通俗語所說：「工資的高低」是有一定的意義的。

他為什麼不能說明一定量的勞動須與以一定量的貨幣價呢？假使他答復說：「這種勞動量的大小與工資的多少是根據「需要供給的法則而決定的」的時候，我即刻就可實問他：「需要供給的本身究竟是根據什麼法則而規定的？」（註二）這麼一問他這種答復一定會沒有什麼價值了。不庸說，勞動的需要與供給的關係是常常變化的；跟着這種變化，勞動的市場價格也是常常變動的。即勞動的需要超過供給時工資一定騰貴反之，供給超過需要時工資自然低落。（原來在這樣的情形下面我們或者須用罷工或別種方法去試驗需要供給的真正狀態）但是假若諸君承認需要供給的關係是決定工資的法則，那末，諸君毅然反對工資的增加未免太類於兒戲了為什麼呢：據諸君所引用的最高法則（即需

第四章　需要供給的法則

要供給的法則）說來工資一時的騰貴或一時的低落都同樣是一種必然的或當然的現象。如果諸君不承認需要供給是決定工資的法則那末我就再質問先前的一句話「為什麼對於一定量的勞動須與以一定量的貨幣呢？」

（註二）「需要供給的關係不能說明市場價格的變動反之，市場價格反可說明需要和供給的變動。」（參照「資本論」德國本第三卷之一第一七一頁及一六五頁以下。）

現在我對於需要供給這個問題更從廣義方面考究說明一下。如果諸君以為勞動。（普通本單作「勞動」正確的說來應作「勞動力」參照本書第七，九節）或其他一切商品價值是以需要供給為最後的決定時，那就完全錯誤了。因為需要供給的關係，只能決定市場價格一時的變動。需要供給或者可以向諸君說明：為什麼某種商品的市場價格高於他本身的價值或低於他本身的價值然而不能夠說明商品價值的本身。我們假定需要

和供給保持平衡，或如經濟學者所說：需要和供給是一致的。在這些反對的力成為相等的時候，他們彼此都互相牽制任何種反對力都不能向何方面發生作用所以需要和供給互相保持平衡停止作用的時候，商品的市場價格是和他的賣實價值一致即和他的標準價格是一致的。（註三）所以我們研究商品價值的性質時不必研究需要和供給對於市場價格一時的影響關於這一點無論研究工資或其他一切商品都是一樣的。

（註三）「需要和供給平衡時他們的相互作用必同時中止而商品的出賣必完全準據市場價值」（參照「資本論」第三卷之二第一六九頁）。

第五章 工資與物價（註一）

我們把威斯敦君的議論改為最簡單的理論，即可得到以下的一種單一斷案即「商品的價格是依工資而決定或限制的」。

第五章 工資與物價

（註一）德國譯本題為「工資及商品的價格。」

我現在從實際上的觀察來反證上述這種陳腐的謬論例如英國勞動者中比較得高價工資的，就是工廠勞動者鑛山工人及造船工人等，他們的生產物的價格比較各國都要低廉同時英國農業勞動者的勞動價格即工資比較低廉而他們的生產物的價格在競爭上比較任何國都要昂貴因此我們可以知道在同一國內的物品比較及各國諸商品互相比較時除却少數表面上的例外平均計算大概高價的勞動和低廉的商品廉的勞動反產生高價的商品這種現象雖然不能夠證明各種商品價格決不是因高勞動的價格而決者的結果原因是正相反然而總可以證明各種商品價格決不是依勞動的價格而決定的但是我們用這種經驗的方法來證明他都是枉費了的。

也許有人說：威斯敦君並沒有唱導所謂「商品的價格是依工資而決定或限制的」這種獨斷論事實上他也沒有把這種獨斷化為一種公式他並且把利潤及地租也作為商

價格的構成部分因為不獨勞動者的工資應該從商品價格中支付，就是資本家的利潤和地主的地租都是應該從商品價格中支付的。但是我必定又要問一句：那麼據他的意思價格是怎樣構成的呢？他一定答復說第一是由工資構成的，其次，即於這個價格上面再替資本家加上一個百分之幾，又替地主加上一個百分之幾。假定為十，如果利潤率是工資總額的百分之百時商品價格上加入資本家所得的，也是為十同時地租率也是工資總額的百分之百時商品價格上加入地主所得的，也是為十所以商品的總價格即變為三十了。照這樣的決定商品價格同樣的了。如果工資騰貴到二十，那麼商品的總價格當然跟着就騰貴到六十，此外騰貴的情形也可依此類推，所以一般老朽經濟學者主張這種工資決定價格的獨斷論，想說明利潤及地租是加於工資上面的百分之幾的部分來證明他們這種獨斷論。他們無論何人都沒有把這些百分比的限度做為一種經濟的法則。（即為什麼這百分比定為

三七

第五章 工資與物價

百分之五十或百分之百沒有一人能够根據一定的經濟法則說明出來的）不但如是，他們以爲利潤是由因襲習慣資本家的意志或因武斷的而決定的他種方法而決定的。縱令他們主張利潤是因資本家等互相間的競爭而決定的，這也不能成爲什麼說明資本家互相間的競爭，當然在種種事業上可以使種種的利潤率趨於同一的平均水準線上但是這也還不能決定平均水準線的本身，即是不能決定一般的利潤率。

（註二） 如果不能說明一般利潤率的水準是如何決定的同時還不能說明利潤率低落的傾向。馬克斯在資本論上說明這種法則後即敍述如次：「據以上所述這個利潤率低落傾向的法則，似乎非常簡單但是，從來的經濟學者並非沒有發見這個現象；但是他們所用的方法非常矛盾所以總是苦於不能說明他而且這種法則在資本家的生產上

極為重要，因此我們可以說自亞丹斯密氏（Adam Smith）以後的經濟學全部，都是傾全力去解決這種神秘的問題的。又可說自亞丹斯密以後種種學派間的差異就是存於解決這種問題所用的計畫的差異但是，他方我們如果把次述的事情考究一下就可以知道從前的經濟學所以不能解決這個問題的原因了。即從前的經濟學對於不變資本及可變資本彷彿是區別了，但總沒有明白的說明其次他們總沒有把剩餘價值從利潤中分離出來說明並且一般的沒有把利潤中的各種獨立成分（產業利潤，商業利潤，利息地租等）區別出來，而單純的去說明利潤復次他們旣未會把資本有機的構成上之差異根本的分析出來，因此對於一般利潤率的構成，也沒有根本的分析過。（參照「資本論」第三卷之一第一〇三及一〇四頁）

所謂商品的價格是依工資而決定的究是什麼意義呢？我以為所謂工資不過是勞動

第五章　工資與物價

價格(註三)上所附與的名稱因此商品的價格遂變爲是依着勞動價格而決定的意義了。

所謂「價格」即是交換價值——我所說的價值無論什麼時候都是指交換價值的(註四)——即是用貨幣表現出來的交換價值所以先前的命題就應爲下述之形式「商品的價值是依勞動的價值而決定的」或說：「勞動的價值是價値的一般尺度」。

(註三) 此處或以後散見各處的「勞動價格」或「勞動價值」等這種名詞都應做「勞動力」的價格或「勞動力」的價值的解釋。(參照本書第七章及第九章)

(註四)「資本論」第一版第四頁的脚註第九所載今後我們所說「價值」的名詞如果沒有什麼規定時就是指「交換價值」但是第二版所載「交換價值又是指價值的現象形態」此外關於價值及交換價値的術語可以參照 Em-t the marxian Economic Handbook 的附錄。

四〇

然則「勞動價值」的本身是如何決定的呢這到是我們的困難問題但我們所謂困難，並非別的，就是論理上推論的困難在主張此說的人他們輕輕看過論理上的推理當然沒有什麼躊躇了比方我們取威斯敦君的例來說：最初他對我們說「工資是決定商品價格的所以工資騰貴，物價必定同時騰貴」其後他又改變方針說：「雖然增加工資也是無益的因為工資增加之後各種商品的價格，業已騰貴而且工資的高低實在是由支出工資而購買的各種商品的價格而測定。」因此我們最初的假設是勞動價值決定商品價值結是商品價值決定勞動價值像這種翻來覆去的謬論，到頭來，還是毫無結果的。

要之，我們把一種商品的價值，（例如勞動穀物及其他商品等，）做為一般價值的標準及規定時，就是以一種物品的價值來決定他種物品的價值，（而前種物品的價值也非決定不可）結果不過是轉移這種理論上的難關能了。

所謂「工資決定商品價值」的獨斷我們用最抽象的言詞表現出來即是「價值是

第五章 工資與物價

因價值而決定的」這種同義反覆的言辭，對於說明價值的意義是毫無用處的。如果我們承認這個前提那麼經濟學上一般法則的一切推理必定會變成一種廢話因此一八一七年李加圖在他著的「經濟學原理」中根本的打破「工資決定價格」這種陳腐的謬見，可算是一種莫大的功勞亞丹斯密及亞氏以前法國的經濟學先覺者在他們所研究真正科學的部分中雖然排斥這種謬見但在他們的比較通俗的粗淺的各章中又重行把這種謬見引用出來。

第六章　價值（及價格）與勞動（註一）

（註一）英國原本題為「價值與勞動」德國翻本題為「價值與價格」諸君我現在對於這個問題，不能不將他的範圍擴充來研究一番我所討論的當然不能說是十分滿足因為若要求完全就不能不涉及經濟學範圍的全部所以只能（如法國

人所說的）將主要各點（Et fleures la question）通述一遍罷了。

我們所提出的第一個問題，就是「商品的價值是什麼？這種價值是如何決定的？」

從表面上看起來，一種商品的價值彷彿是完全相對的，若不把這種商品和其他一種商品的關係研究一下，好像不能決定他的價值。實際上我們說某種商品的價值為交換價值時，就是這種商品和其他一切商品所交換的比例分量（Proportional quantity）的意味。但是如果是這樣就又會發生一問題「商品互相交換的比例又是如何規定的呢？」

我們從經驗上知道這些交換比例，是有無限的變動。我們試舉小麥的例來說一說：即一罸突（quarter）小麥，各種商品交換時差不多可以發見無數個不同的交換比例。這種小麥的價值無論是用絹布或用金及其他商品表現出來都是常常相同的所以他對於種種物品的種種交換比率必定是各各不同而且是完全獨立的，即必定能夠用一種極不相同的形體來表現對于各種商品的各種方程式。

第六章 價值及(價格)與勞動

不但如是假使我們說：小麥一罕突，於一定比例之下，和鐵相交換或小麥一罕突的價值，把鐵的一定量表現出來時即是說小麥在鐵上面的相等的價值是等于不是小麥也不是鐵的第三種價值因為我們是假定以兩種相異的形態來表現同一的數量。所以這些相異形態的東西無論是小麥或鐵，都是互相獨立的，他們的共通標準就不能不歸結於第三者了。

我因要說明這一點，我暫且舉一個幾何學上最簡單的例來說明一下。凡欲比較種種三角形的形態及面積的大小，或將三角形和長方形或其他直線形比較時我們將如何着手呢？我們無論對於何種三角形最初就要把他的面積改變和原有的形態若從三角形的性質說起來，是底邊和高相乘之積的半數。因此類推，無論什麼形狀的三角形的價值都可以比較又一切長方形的各種價值，也是可以比較的，因為一切疑方形，都可以改成一定數的三角形。

各種商品的價值，亦然我們也可以用同一的方法，去比較他們我們可以把這些商品的價值都改變為一種共通的表現，再則把這些商品的價值歸納於這種同一標準率，然後根據標準率的比例就可去分別這些商品價值了。

各種商品的交換價值不過是他們的社會機能與他們的自然的性質毫不相關所以我們首先必須質問，「一切商品共通的社會的實體是什麼？」這當然可以答就是「勞動」大概生產一種商品一個人必須加上或耗費一定量的勞動更須注意的即那勞動不是普通的勞動乃是社會的勞動，一個人生產物品如果為供給他自己需用或作自己的消耗時，這種物品只可算是製造一個生產物不能叫做一個商品。因為凡在自給經濟時代的生產者是與社會不發生關係的。但是一個人到了生產商品的時候，不獨是為滿足某種社會的欲望而生產，他的勞動本身必定構成社會上所消費的勞動總額的一部分他這部分勞動必須附屬於社會內部的分業中。如果社會上沒有別種分業作用這種勞動也不能成立並

四五

第六章 價値（及價格）與勞動

須從自己方面去補充別種分業」

我們如果把商品當作價値來考究時，我們就應該專從那實在的因兒的或結晶的社會勞動單一觀察點來觀察這些商品。從這種觀察點看來，這些商品的區別不過是代表勞動分量大小的區別罷了。例如一條絲手巾的勞動分量，較製造一塊磚的勞動分量大得多。但是勞動分量是如何測定的呢？就是依勞動所繼續的時間而測定，如果要應用這種測定的標準，就須把一切種類的勞動，改爲平均勞動或單純勞動以作測量的單位。

因此，我們可得上述的結論：一種商品有某種價値正因爲着商品是社會勞動的結晶。他的價値的大小或相對的價値是靠着商品裏面所含社會實體的分量大小而決定的。換句話說，（商品價値的大小）即是靠着生產商品時所需勞動的相對的分量而決定的。所以各種商品的相對價値是依據各種商品上所消耗的實現的或固定的勞動分量而決定

的。凡以同一勞動時間生產各種商品，他們各各的勞動分量（價值）是相等的，又或一種商品價值對於他種商品價值的關係，就是和固定於前者的勞動分量對於固定于後者的勞動分量的關係一樣。

諸君中一定有許多人質問我然則，商品的價值依工資（即對於生產商品所消費勞動的報酬）而決定和依生產上必要勞動的相對分量而決定其間果有什麼區別，或多大的差異呢？那麼我答復諸君的話，就是：請諸君要慎重注意這勞動的報酬和勞動的分量是完全不相同的東西。例如假定小麥一罕突和金子一兩（O nce）所費的勞動量是相等的，我所以舉這個例因為這是一七二一年佛蘭克林氏（B. Frankl n）的最初的論文中業已採用過的，在他所著「關於紙幣的性質及其必要的小研究」一論文中（A Modest Enquiry into the Nature and necess ty of a Paper Currency）說及價值的眞性質這種臉大的嘗試可謂前無古人了我們假定一罕突小麥和一兩金子是價值相同或價格相等

第六章　價値（及價格）與勞動

的東西因為他們是固定于幾日或幾星期內平均勞動的同一分量的結晶，因此我們決定金子和穀類的相對價值時對於農業工人礦夫的工資到底想到了嗎？不用說是沒有想到的。即如我們對於他們一日間或一星期的勞動報酬如何，又或是否雇用工資勞動者（Wages labour 都完全沒有想到。但如果雇用工資勞動時恐怕工資極不相同也未可知。比方，生產一罕突小麥的勞動者僅能得二蒲式耳（Bushel）（八蒲式耳當一罕突）小麥的報酬，如果是鑛山工人或能得半溫司（ounce）的金子又或他們的工資雖然相同，而所生產商品的價值於種種的比例上也許有不同的。比方，他們所生產的商品價值等於穀物一罕突，或金一溫司的二分之一，或三分之一，或四分之一或五分之一或任其他任何分數都是有的。但是，他們的工資總不能超過他們所產生商品的價值限度以外並且有時在一切可能限度內還要少於他們所產生商品的價值。他們的工資因生產物的價值如何而受限制那生產物的價值却不因工價的高低而受限制了。總之，商品價值（例如穀物和金的

相對價值）的決定與所使用的勞動價值（即是工資）是毫無關係的。所以依固定于商品的勞動相對分量而決定各商品的價值和所謂「依勞動的價值（即工資）而決定各商品的價值」這種同義反覆（註二）的說明是有天淵之別關於這一點在我們的研究進行中以後再行詳細說明便了。

（註二）參照：第五章「工資與物價」的最後幾段。

我們計算商品的交換價值時於其最後所消費的勞動分量上須加入從前商品原料所消費的勞動分量和幫助這種勞動的器具什物機械及建築物上賦與的勞動分量等等。

例如綿絲一定量的價值是下列各種勞動分量的結晶品如紡績過程中棉花上所費的勞動分量，棉花產生以前所費的勞動分量煤炭油及其他補助材料上所實現的勞動分量又蒸氣機關紡錘工場建築物及其他應用物品上固着的勞動分量等等都是凡生產器具（註三）如道具，機械及建築物等在生產過程中或長期間或短期間都是可以反覆無數回使

第六章 價值（及一格）與勞動

用的。如果此等器具與原料同樣是即刻消耗的這些器具的全價值必定即刻就移轉到他們所幫助生產的各種商品上面去但是例如紡錘這種東西因他是漸漸消耗的他的價值當然不能立刻轉移只能根據於一定期內每日間的消耗或磨損等平均計算。紡錘的價值中，每日轉移于紡績物上的分量，都可以計算出來的，例如一磅絲中所耗費的勞動總量內有若干勞動分量是消耗在紡錘上的，都可以計算出來。我們對於現在的目的實在沒有詳述的必要了。

（註三）生產器具本是[英文（Instruments of production）的譯語，如果照狹義的解釋，就是勞動手段的意味，若從廣義解釋，就連原料或補助材料等，都包括在內。

假使商品價值是依生產該商品所必要的勞動分量而決定，那末做工的人愈怠惰，或愈呆板他完成這種商品必須的勞動時間愈多他所生產的商品彷彿是更有價值的了。照

這樣推想那就大錯特錯了。我所說「社會的勞動」一語想諸君還能記憶的因為這「社會的」形容詞中含有許多的意義。我們如果說商品的價值是依商品上所消耗製成他的勞動分量而決定就是指於一定的社會狀態中在一定的社會的平均生產條件之下使用勞動之社會的平均強度（intensity）和熟練時所必需的勞動分量美國自機械織機和手織機的競爭發生以後把一定量的棉紗織成一碼棉布時還不要以前一半的勞動時間這種可憐的手織工從前把一日不過勞動九時間或十時間到了機織工業時代一日非勞動十七時間乃至十八時間不可了。但是從前他每日二十時間勞動的生產物現在只能抵社會勞動的十時間換句話說把一定量的紗織成一種布疋時他個人二十時間勞動的生產物不過代表社會的勞動十時間所以他現在整整的工作二十時間的生產物比較從前十時間所成的生產物的價值不能有格外的增大。

所以如果各種商品所消耗的社會必要勞動量是可以規定商品的交換價值那末，凡

第六章 價值（及價格）與勞動

一種商品生產上所必要的勞動分量增加時，則商品的價值必同時增加；若商品生產上所必要的勞動減少時，則商品的價值必同時低減。倘若各種商品生產上必要的勞動量常常不變，那麼這些商品的相對價值也一定沒有什麼變動的。但實際上這種常常不變的事情，恐怕也是沒有的。一種商品生產上所必要的勞動時間的變化，是常常跟着勞動生產力的變化而變化的。即勞動生產力愈大，則在一定勞動時間內必定能造成更多量的生產物。反之，勞動生產力愈小，則在同一時間內只能造成更少的生產物。例如，因人口增加的結果，必須耕種較貧瘠的土地，但是要產生與肥沃地方同量的生產物必須消耗較多的勞動量。因此，農產物的價值，也必定同時騰漲。反之，例如我們利用近代的生產手段來紡紗，如果一紡紗者在一勞動日內所紡得的棉紗的量比從前用手紡車的人在同一時間內所紡的量要多至數千倍時，則每一磅棉花也要一定較從前少吸收幾千次的紡紗勞動量自不用說其結果，因紡績工作每一磅棉花所加的價值也一定比從前要少幾千倍因此紗的價值也自然

五二

我們如果把人類先天的精力和後天的勞動能力的差異暫且丟開不講,那勞動的生產力,大概根據以下的事情而變動的:

一,因勞動自然條件的差異例如土地鐵山等的豐饒磽瘦及其他原因;

二,因社會的勞動力之進步改良例如大規模的生產資本的集積勞動的結合,工廠內的分業(Subdivision of labour)機械及新發明的諸方法化學的及其他自然力的利用因交通機關的發達而縮短時間及距離利用科學的力使自然的力供給勞動之用;並且因此發達勞動之社會的或協力的性質及其他一切設備等諸如此類都是社會的勞動力的改善所以勞動的生產力愈大則耗費在一定量生產物的勞動必愈少因此生產物的價值也就愈少。反之勞動的生產力愈小則耗消在一定量生產物的勞動必愈大因此生產物的價值也就愈大。所以我們可以歸納數條。

五三

第六章　價值（及價格）與勞動

做為一般的法則如下：

「各種商品的價值與生產上所使用的勞動時間成正比例又與生產上所使用的勞動生產力成反比例」

我以上盡是說價值現在對於價格也要說幾句，價格是價值的一種特殊形態。

從價格的本身來觀察價格不過是把貨幣表現出來的一種價值。例如英國一切的商品價值，都是用金價格來表現。歐洲大陸諸國則用銀價格來表現。又金與銀的價值及和其他一切商品的價值相同即都是依取得這種金和銀所必要的勞動量的決定的我們把一定量的生產物，（即我們國民勞動一定量的結晶）去交換金銀產出國的生產物。（即金銀產出國的國民勞動一定量的結晶品）這樣的交換事實上，就是物物交換的方法，我們可以把金及銀表現一切商品的價值即是可以表現一切商品上所消耗的勞動量我們用貨幣來表現價值換句話說就是價值輕變為價格的意思。再精確的考察一下我們可以知

道；價值變為價格，就是在一切商品的價值上賦與一種獨立的而且同質的形態之一過程，或表現同樣的社會勞動一定分量之一過程本來價格不過是價值的貨幣表現所以亞丹斯密氏就呼他為「自然價格」(Natural price)法國重農學派就呼他為「必要價格」(Prix necessaire)

然則，價值與市場價格的關係或自然價格與市場價格的關係究竟是什麼呢？諸君都知道商品的生產條件雖因生產者不同而有差異但市場價格則凡屬同種類的一切商品都是同樣的。市場價格在生產的平均條件之下不過是表現社會勞動平均量即供給一定貨物於市場時所必要的社會勞動平均量這是根據一定種類的商品全部而計算的。

在這種情形之下一種商品的市場價格是和他的價值一致的。他方，市場價格的變動，如有時高於從前的商品價值，或自然價格，或低於從前的商品價值，或自然價格是跟着市場上需要和供給的消長而起的所以市場價格常常和商品價值相背離但是亞丹斯密說：

第六章　價值（及價格）與勞動

「自然價格是一種中心價格各種商品的價格常以自然價格爲中心。（趨向於這種中心價格）縱或因偶然的事實有時候市場價格非常的高於自然價格，有時或使市場價格多少低於自然價格但無論有何種障礙使市場價格不停留或中止於這種中心價值一致的。」就算夠了但是，市場價格總是傾向於這種中心價格的。

我現在對於這一點不能多述只說一句假使需要和供給互相平衡時各種商品的市場價格與他們的自然價格是一致的，即與由各種商品生產上所必要的勞動量而決定的價值一致的。」就算夠了但是，市場價格與他的自然價格常常有趨於平衡的傾向。原來一方動搖是因他方動搖的結果，即物價的騰貴是由於他的低落；（價格過於騰貴時必定供給超過需要跟着價格必定低落，又價格的低落一定由騰貴來填補（價格過於低落時必定需要超過供給跟着就是價格的騰貴。

我們如果不觀察每日的動搖而如托克氏（Tooke）的「物價史」（History of Prices）上所說用長期間的觀察研究市場價格變動時我們必定覺

待市場價格的變動，及與商品價值的背離是或時**騰貴或時低落**的結果，都可以互相抵償彌補的，所以我們覺得：一切商品的價格除獨占及**特別的限制**（Modification）外（我現在不能討論這一點）應該一律平均，按照商品的價值或自然價格出售的。至於因市場價格的變動互相補償以達平衡的期間，那就因商品的種類不同，他們互相補償的期間也是各有長短。因為有些商品的需要供給較別的商品容易平衡得多。

如果從廣義上觀察並且作長期間的觀察時一切商品都是照他的自然價格出售的；如果人以為商品的利潤——不但是各個特別的利潤，且是種種事業上恆久的普通的利潤。——是從各種商品價格發生即在超過各種商品價值的價格出售時所發生的，那就太無意識了這種無稽的思想，一經推廣常更為明白。例如一個販賣商品時常得利益但他購買時**必常受損失**（註四）。如果說販賣者未必是購買者生產者未必就是消費者那又是錯誤了這些買賣的人支給生產者的東西起初必定是無報酬的從生產者得來的假使有人

第六章 價値(及價格)與勞動

首先就取了我們的現金,而後他把這個現金,拿買我們的商品,我們縱然把這個商品高價的賣給他,我們也沒有賺錢的道理,這種交易雖可以減輕損失,決不能爲實現利潤的助力。

(註四) 販賣者在超過自然價格出賣時,當然可以得利益,但是販賣者也有購買的時候,卽一方出賣商品,他方又不能不購買商品出賣的時候,旣是在自然價格以上則購買的時候也必定超過自然價格所以出賣時所得的利益到了買時,當然必定全完失落無疑前後相抵結果還是毫無所得。

所以我們說明利潤的一般性質時當從下述的理論出發卽出賣商品時從平均計算說來應該按着商品眞實的價値利潤是從出賣商品價値中得來的換句話說利潤按着耗費於商品上的勞動量的比例出賣所得來的,如果我們不能在這種前提之下說明利潤則我們對於利潤一般的性質也是不能說明的。這似乎是一種邪說(Paradox)和日常觀察相反,然而所謂地球環繞太陽而廻轉又水是由兩種最容易燃燒的氣體構成的這都同是一

種邪說我們日常的經驗極容易為事物的外觀所迷惑如果根據他來判斷科學上的真理這科學真理總免不了是一種邪說。

第七章　勞動力

我們在前章以迅速簡單的方法業已將一切種類商品價值的性質研究完了現在更須把所謂勞動價值的特殊價值注意的考究一番我在這裏所說的又似乎是一種邪說必定會招諸君驚怪的我以為諸君每日所賣的就是諸君的勞動所以勞動這種東西當然是有一種價格；商品的價格是商品價值用貨幣表現出來的因此勞動本身也必定有一勞動價。但是在這句話的普通意義上並沒有勞動價值這種東西。我依前所述的一種商品上必要勞動的結晶卽是商品價值的構成今把這價值的觀念適用起來例如十時間的勞動日（卽一日十時間的勞動）的價值是如何決定的呢？在那一日中到底含有多少勞動的

第七章 勞動力

分量呢？不用說就是十時間的勞動。但是，如果我們說：十時間勞動日的價值，就是等于勞動十時間所消耗的勞動分量，那就是一種同義反覆，且是無意義的表現了。我們一旦發見一勞動價值一眞實的及隱藏的意義時，我們當然可以說明這種價值概念的不合理及表面上不能適用的理由，這好像我們一旦知道了天體的眞正運動後跟著就可以說明天體之外觀的或單只現象的運動一樣。須知勞動者所賣的東西並非他的直接勞動實在是他自己的勞動力他把這勞動力一時的完全委託於資本家任其處理。這也從事實上可以證明：的英國的法制，如何認定我們不知道至歐洲大陸諸國法制確有規定人民能夠出賣勞力的最長時間（過此時間以外絕不准他賣勞力了）如果不規定這種賣勞力的期間毫無限制的任他永久出賣那就和奴隸制度復活同樣。一個人一世賣他的勞力於雇主那個人就是他雇主一生的奴隸了。

霍布士 Thomas Hobbes）是英國最古的經濟學者，且是創造的哲學者。他在他著

的「巨人」（laviathan）中曾直接的說過這一點但所有後過者都把他輕輕的看過了他說「一個人的價值（The value or worth of a man）和其他一切物品的價值相同他的價格就是對于他的勞力（力的使用）所提供的報酬。」

我們根據這種基礎可以決定勞動的價値和決定一切商品的價値同樣。

我們於研究決定勞動價値以前可以發生下記的質問：即市面上有一班購買勞動力的人他們擁有土地機器原料及生活資料他們這些人的所有物除與原始狀態的土地外，就是一切勞動的生產物，他方有一班出賣勞動力的人，他們除了勞動力即勞動時所用的手腕和腦筋外沒有什麼可賣的東西，這種怪現象究竟是如何發生的呢？換句話說：一方僅坐得利潤以致富且不斷的購買勞動力，他方因為要取得他們的生活資料常不斷的賣却他們的勞動力這種現象究竟是如何發生的呢？研究那個問題畢竟就是研究經濟學者所說的；「二次的或原有的蓄積」（註一）正當的說來就是研究所謂「原來的所有剝奪。」

第七章 勞動力

（註一）如果研究了這問題，我們就會知道所謂原有的蓄積的意思不外是連續的歷史過程的產物。該過程是使勞動者和勞動工具間本來的結合從新分散但是這樣的研究不在我們所應研究的問題範圍內。因勞動者和勞動工具一旦分離後上述的事情必定繼續的維持且常常增加規模繼續的再生產結果生產方法的更新及根本的改革必定會再行把他顛覆不到造成一種新歷史形態，而恢復本來的結合決不中止的。（註三）

（註二）「一次的或原有的蓄積」（Previous or original accumulation）或德文 Erste oder ursprüngliche akkumulation 參照「資本論」第一卷第七篇第二十四章。

（註二）「原來的所有剝奪」即 Original expropriation 或德文爲ursprungliche enteignung

（註三）參照「資本論」第一卷第七篇第二十四章第七節。

然則所謂勞動力的價值是什麼呢？勞動力的價值，也和其他一切商品相同，是因生產勞動力所必要的勞動量而決定的。不過人類的勞動力是蓄藏於人類生存時的身體中一個人要圖成長，或維持他的生命必須消費一定量的生活必要品人類的消耗與相同老衰或死亡時更須依他人去補充所以勞動者除維持他自己的生活所需必要品的分量之外因養育小孩——將來在勞動市場上代他的位置或嗣勞動者的種族——又需一定量的生活必要品不但如是還要消耗一定量的價值去發達他的勞動力及習得相當的技術原來我們的目的只在考究平均勞動即關於教育和發展等費用都可以不必計算。是我們乘這個機會不得不說明的就是因為生產性質相異的勞動力，而他的生產費用也是不同所以用於各種事業上的勞動力的價值，也當然是不同的。因此要求工資平等的吁聲只能說是一種謬想到底不能實現的這種謬想是承認前提而避開結論的急進論者所創造的在工資制度基礎之上勞動力價值的決定和其他一切商品價值的決定相同即種

第七章　勞動力

六同

類不同的勞動力，而他的價值也是各各不同的。引伸說來生產勞動力所必要的勞動量有種種不同，所以勞動市場上勞動力的價格也當然是相異的。在現代工資制度基礎之上，而要求勞動平等的報酬或公平的報酬那就好像在奴隸制度基礎之上要求奴隸的自由一樣。我們以為什麼才叫做正義或什麼才能叫做公平都是不成問題的事情。我們應當考究的就是在一定生產制度之下什麼是必然的且是不可避免的東西。

據上所述我們可以知道勞動力的價值是依勞動力生產發達維持及繼續上所需的生活必要品的價值而決定的。

第八章　剩餘價值的生產

我們現在假定：一個勞動者每日平均所需生活必要品的分量，要平均勞動六時間才能生產出來。又假定平均六時間的勞動力是等於錢三先令價值的分量。於是這三先令就

是以貨幣表現出來的勞動者每日勞動力的價值即是勞動力的價格如果勞動者要購買他每日所需生活必要品的平均量，他每日只勞動六小時就夠了換句話說勞動者為維持他本身計每日只要六小時的工作，就能夠充分的購買生活必要品。

但是，如果我們認為應當研究的人類即是工資勞動者因為他們非把他的勞動力賣給資本家不可。如果他們把他的勞動力一日三先令。我們現在假定他是一個紡織工。他若每日勞動六小時，恰好是適合他每日所勞動的價值。我們現在假定他是一個紡織工。他若每日勞動六小時則他所加在棉花上的價值就是三先令。他每日照這樣的增加棉花上的價值與他所支取勞動力的價格必定完全相等這時候資本家完全不能夠得到什麼剩餘價值及剩餘生產物所以沒有剩餘價值，反是我們議論上的一種困難問題了。(註二)

（註二）特意研究剩餘價值是從什麼地方出來的，而剩餘價值，又不能表現出來所

工資價格及利潤

六五

馬克思工資價格及利潤

65

第八章　剩餘價值的生產

以是困難問題。

資本家購買勞動者的勞動力支付他的價值後，與其他商品購買者相同，旣時取得消費商品或使用商品的權利，他使機械運轉，然後消費機械使用勞動者，然後消費勞動者，使用勞動者所以資本家購買勞動者一日或一星期的勞動力的價值，就是取得全日或全星期使用或運轉勞動者勞動力的權利。至於勞動日（一日的勞動時間）或勞動週（一週的勞動時間）當然是有一定的制限，這事暫且留在以後再詳細的研究罷。

我現在要請諸君注意以下的一個要點。大概勞動力的價值，是依維持勞動力，或再生產勞動力所必要的勞動量而決定的。但是這種勞動力的使用，單是受勞動者的精力或體力的制限。勞動力每日或每週的價值和他每日或每週的發揮，大有區別，正和一匹馬所需的食料和那馬載八行走的時間大有區別一樣，勞動量是規定勞動者的勞動價值的束

西，決不能限制他的勞動力所實行的勞動量現在我們再把紡織工的例來說據上所述紡織工若要每日再生產他的勞動力，他必須每日再生產三先令的價值他每日的勞動時間只要六小時，就可以獲着這種價值。但是這事決不妨害他每日十時間或十二時間以上的勞動資本家支付紡織工勞動力一日或一星期的價值即時就取得使用該工人勞動力的全日或全星期的權利所以資本家要勞動者作十二時間的工作，也會有的於是這種工人，除補償他的工資或他的勞動力的價值要勞動六小時外更須勞動六小時；這六小時的勞動我們就叫他為剩餘勞動時間這種剩餘勞動所產生的東西就呼他為剩餘生產物或剩餘價值照我們現在所述的例假若這個紡織工每日六小時的工作等於他的工資三先令價值即他的工作每日所加在棉花上的價值為三先令的時候，那麼他十二小時的工作對於棉花上所增加的價值即為六先令而他所產生剩餘的紗也是和他的剩餘勞動時間以正比例但是他的勞動力既已賣給資本家則他所造出生產物的價值全部當

工資價格及利潤

六七

馬克思工資價格及利潤

67

第八章 剩餘價值的生產

然是為勞動力一時所有者的資本家了。所以資本家因預先支付三先令的工資就可取得六先令的寶惠。因為資本家預先支付工作六小時的勞動價值；反覆資本家先付三先令與勞動者即得囘勞動價值。依此類推，社會的生產過程每日如是反覆資本家先付三先令與勞動者即得囘六先令勞動價值的生產物。他每日把六先令的一半支付工資其餘一半並無何等代價完全收歸自己荷包。這種不支付代價的價值，就叫他為剩餘價值近代資本主義的生產或工資制度，就是以這種資本和勞動間的交換為基礎而成立的。並且這樣的交換確是足以使勞動者永為資本家而造出不斷的再生產的結果。

假定一切事情都不變動剩餘價值率（註二）是依勞動日（一日的勞動時間）內再生產勞動力的價值所必要的時間和替資本家勞動的剩餘時間或剩餘勞動的比例而決定的。換句話說剩餘價值率是依勞動者（以他的勞動）再生產他的勞動價值，或超過補償他的工資範圍所延長的勞動時間而決定的。

(註二) 關於剩餘價值率的詳細說明，可參考「資本論」第一卷第三篇第七章。

第九章 勞動的價值

我們現在須把「勞動的價值或價格」的表現，再叙述出來。實際上勞動力的價值是依着維持勞動力所必要的商品價值而測定的。但是，勞動者把他的工作完了後他即領取他的工資並且只知道他所付與資本家的，就是他的勞動所以他以爲他的勞動力的價值或價格，彷彿必然的就是他的勞動本身的價值或價格一樣。如果他的勞動力的價值，（即他獲得的工資）——工作六小時所得的——是三先令，那麼工作十二小時他的勞動力的價值應該是六先令；但是他必定以爲這三先令的代價就是十二小時的勞動價值或價格。因此可以得下述的兩個結果：

第一，勞動力的價值或價格表面上就是勞動本身的價值或價格；但嚴格的說來，勞

第九章 勞動的價值

動價值或價格也是無意義的名詞。

第二，勞動者一日的勞動只有一部分是有報酬其他一部分是無報酬的，並且無報酬這部分的剩餘勞動，就是剩餘價值或利潤所由成立的泉源但表面上好像一部分有報酬的勞動就是全部勞動的一樣。

從這種虛偽的形態觀察可以知道工資勞動和歷史上他種勞動的區別了在工資制度基礎之上無報酬的勞動也似乎是有報酬的勞動反之，在奴隸制度基礎之上那有報酬的勞動的一部分又似乎是無報酬的勞動不庸說，奴隸因為要勞動所以不得不維持生活他的生活資料的價值可以由他一日勞動時間所生產的價值中扣除出來所以他的勞動力有一部分是有報酬的但是因為他和他的主人間並沒有什麼契約又沒有什麼買賣行為，所以他的一切勞動看起來又似乎是沒有報酬的一樣。

他方，我們又可把農奴的例來說：最近歐洲東部全體還有這種制度這種農奴，於每週

間除星期不算外在他自己的農地或所分配他的農地上作工三天後，其餘三日即須在他領主的農地上，在無報酬的強迫的從事工作。在這種情形之下，他們的勞動似乎有一部分是有報酬的和無報酬的區別，而且有時及塲所的區別。所以自由主義者以爲這種無報酬的**勞動**極不合乎人道且從道德的見地盛倡反對論調。

從事實上觀察，農奴爲他本身計在他自己的耕地上每星期工作三日，其餘三日即替他領主無報酬的勞動正和工人在工廠或在工作塲內一日間爲他自己工作六小時，更爲雇主工作六小時同一旨趣。但在後者情形勞動的有償部分與無償部分是互相混合不能判然分別出來，並且他們交易的性質是以契約爲媒介或依每星期最後一日支付報酬的規定等完全用一種假而其來遮蔽了的。所以工人與農奴都是各有各的無償勞動不過一個是自動的供給，一個是强迫的供給，只有這種差別罷了。

以下我所用的「**勞動價值**」這個名詞不過是跟着浦俗的用法，其實本應作「**勞動**

力的價值」

第十章 利潤是依照商品實在的價值出賣所得的

現在假定:一時間的平均勞動所實現的價值等於六辦士或十二時間的平均勞動所實現的價值等於六先令(一先令等於十二辦士)又假定勞動的價值為三先令,或為六時間勞動的生產物,如果製造一種商品的原料機械及其他器具原料品的價值須二十四時間的平均勞動那末這些東西的價值當然等於十二先令,如果資本家所雇用的勞動者在這些工具的上面再加上十二時的勞動這十二時間的附加價值又是六先令,所以生產物全部的價值就等於三十六時間勞動的價值以貨幣表示之,即為十八先令,但是勞動價值——即支付勞動者的工資——僅三先令,而資本家對於勞動者所工作六小時的剩餘勞動,並沒在支付何等代價,而那商品的價值到實現出來了,所以資本家照商品的價值,賣得十八先

七二

令的時候他並不要支付什麼代價，就可乾得三先令。這三先令，即構成資本家所得的剩餘價值或利潤。所以資本家不必超過商品本身價值出賣商品，即完全照商品的眞實價值出賣商品也可以得到三先令的利潤。

大概商品價值是依着商品內所包含勞動的總量而決定的。但有一部分勞動量是拿來支付工資而實現的價值其餘一部分的勞動量是沒有支付代價而實現的，即商品內所包含的勞量有一部分是有報酬的其餘一部分是無報酬的，所以資本家照着商品的價值，即照着商品上所消耗勞動總量的結晶而賣却他的商品他也一定能够得到利潤資本家不但是出售花費了相等代價的東西，並且出售什麼代價都沒有花費的東西。（但他只消耗了勞動者的勞動）。資本家的商品生產費和商品眞正的生產費是全然不相同的所以我可以反覆的說「凡正常的而且平均的利潤是照着商品眞實的價值出賣得來的，不是超過商品的眞實價值出賣得來的。」

第十一章 剩餘價值的構成部分

商品的剩餘價值或商品全部的價值中這勞動者的剩餘勞動或那無報酬的勞動所實現的部分我都听他為利潤這利潤的全部也不是完全落於傭雇工人的資本家（註一）的荷包中其中佔有土地的地主以地租的名義竊取剩餘價值的一部分如農業或工業之建築鐵路或其他生產剩餘價值換句話說卽是便他佔有無報酬勞動的一定量為達到這種目的計那勞動工具的所有者就把勞動工具全部或一部借給傭雇工人的資本家，而以利息的名義要求取得剩餘價值的他一部分。因此餘下給雇主資格的資本家的部分，卽所謂產業利潤，或商業利潤了。（註二）

（註一）雇用工人的資本家，(Employing Capitalist)

〔註二〕關於剩餘價值所包含的部分如產業利潤，商業利潤，利息，及地租等詳述於「資本論」第三卷內。

剩餘價值的總額分割於上述三種人之間，但究竟是根據什麼法則而來的呢？這雖是和我們所述的主題毫不相干然大概也不出乎我們以上所述的範圍。

地租，利息及產業利潤不過是商品的剩餘價值或商品中所包含的無報酬勞動各部分的相異名稱這些名稱相異的東西都是由同一泉源而且只由這種泉源分泌出來的即同是由剩餘價值或無報酬勞動產生出來的。這些東西一不是從土地中產出來的，二不是從資本中產出來的；但是土地和資本能使他們的所有者變為雇主資本家榨取勞動者的剩餘價值而各得其分潤從勞動者方面若想，這種剩餘價值，即勞動者的剩餘勞動或無報酬勞動的結果，不管他的全部是否入於雇主資本家的荷包或雇主資本家是否以地租和利息的名義把一部分給與第三者，都與勞動者本身毫不相干。假使雇主資本家單運用他

第十一章　剩餘價值的構成部分

自己的資本並使用他自己的土地，那剩餘價值的全部，當然是完全入於他的荷包，他八無從分潤了。

雇主資本家，無論把剩餘價值的何部分，收爲己有，總之直接是由勞動者剝削剩餘價值的人，仍是雇主資本家。所以現在的生產制度及工資制度全部都是以雇主資本家和工資勞動者的關係爲基礎而成立的。因此，參加討論這個問題的人如果把雇主資本家與勞動者的基本關係看做是次一點的問題，或把這種關係輕輕的看過，那就是大錯特錯了。——但有些人以爲價格的騰貴在某種情形之下對於雇主資本家、地主、放款資本家或徵收官吏等有種種不平等的影響，這却是正當的主張。

由上述的情形推論又可得一個結果即商品價值中，那單只代表原料機械等的價值，即消耗生產工具的價值的部分並沒有構成一種收入，不過補足一種資本的損失。(註三)反之，構成收入的工資利潤地租及利息等商品價值的他一部分如果說是由工資價值地

租價值及利潤價值等所構成的那就是錯誤了我們現在把工資一項丟開，只把產業利潤、利息及地租等討論一下上章所述商品內所包含的剩餘價值即商品價值中無報酬勞動所實現的部分是分爲三種名稱不同的相異部分。如果說商品的價值是由這三部分的獨立價值之和所組合或構成的那就與眞理完全相反了。

如果一時間的**勞動價值**等於六辦士勞動者的勞動日（一日的勞動時間）是十二時間，這個時間的一半是無報酬勞動的時候這種剩餘勞動加在商品上的價值即爲三先令的**剩餘價值**——這種價值即是沒有支付什麼代償的價值這三先令的剩餘價值，是雇主資本家以任意的比例和地主及放債資本家分配的總金額又是所以構成他們彼此分配價值的限度但是雇主資本家在商品的價值上爲自己的利潤計任意附加一種價值又爲地主的利潤計任意附加他一種價值這樣任意附加的價值之和不能說就是構成商品的全部價值。所以一般人的見解把一定的價值分爲三部分和因三種獨立的**價值合計而**

第十一章 剩餘價值的構成部分

構成一定的價值相混同祇是由價值總額割出的地租、利潤、及利息等種轉化為一種任意的大小這是不對的(註四)

(註三) 有人以為勞動者所生產的商品價值,一切都可以分解為工資利潤地租,及利息等種種收入確是一種謬想。

(註四) 參照 Theorien über den Mehrwert Bd I, B. 3 E, S, 158 頁以下。

假若由資本家所獲得的全體利潤,為一百磅,我們便稱這種數目的絕對的分量為利潤總額(The amount of Profit)但是我們如果把這一百磅利潤依出資的數目以百分比率計算我們就呼這種相對的分量為利潤率這種利潤率可以用兩種方法表現出來。(

(註五)

現在假定為工資而投下的資本是一百磅。如果造出來的剩餘價值,也是一百磅,——這是表示勞動日的一半時間是無報酬勞動,——如果照為工資而投下的資本的價值,來

測定利潤，那麼這種利潤率就是百分之百了。因為投下的價值，一百磅而獲得的價值是二百磅。

反之，如果我們於考慮投下工資方面的資本之外更考慮投下資本的總額例如五百磅，——其中四百磅代表原料機械及其他的價值——我們可以說利潤率不過是百分之二十，因為百磅的利潤，就是投下資本全部的五分之一。

（註五）「資本論」中馬克斯所謂兩種的利潤率第一為剩餘價值率第二即專指利潤率。（據德文譯本的腳註）

「最初表示利潤的方法是告訴我們，有報酬勞動與無報酬勞動間的眞正比例，即勞動掠奪的眞正比例。（掠奪二字法文為 exploitation）第二個表示方法即是普通所用的，並且是與某種目的相合的。資本家若要隱藏榨取勞動者的無報酬勞動程度以用這種方法最為便宜。」

第十二章　利潤工資及價格的一般關係

我以後研究各種問題,都是用利潤的名詞來表示資本家榨取剩餘價值的全部,對於剩餘價值究是分割為若干部分暫且置問不管。不管我用利潤率這個名詞,是常常把投於工資方面的資本價值來測定利潤。

（註六）

（註六）以下所說的利潤率就是指「資本論」中所說的剩餘價值率。

我們從商品的價值中減去補償商品上所消耗的原料及其他生產工具的價值,即減去商品內但含代表過去勞動的價值,其餘的價值,就是商品生產過程上最後雇傭的勞動者所加的勞動量。假若勞動者一日工作十二小時的價值等於六先令,那六先令的附加價值,即是勞動者所作出的唯一價值。此一價值根據勞動時間而決定的一定價值是勞動者和資本家兩者間各人所得分配的唯一泉源,即是分割工資與利潤的

唯一價值他們兩者間的分配，雖有變化，而這種價值的本身，還是沒有變化的，又或把勞動者一個，改做勞動者全體，及一勞動日改做千二百萬勞動日這一定價值的本身，也是沒有什麼變化的。

資本家與勞動者，因為只分取這種有限的價值，即是根據勞動者的勞動量全部所測定的價值，所以一方分得多時他一方必定分得少，這一方分得少時那一方又必定分得多。無論在何種情形之下，物的分量既是一定這一部的減少，必定是那一部的增多，即這一部分是與那一部的減少成反比例而增加。如果工資一有變動利潤必定向反對方面發生變動。即工資低落時利潤一定騰貴反之，工資騰貴時利潤一定低落。在前述假定之下如果勞動者取得他生產出來的價值的一半（即三先令）資本家也只能取得三先令換句話說：勞動者一日的勞動時間一半是有報酬的勞動，一半是無報酬的勞動時勞動者得一半價值為三先令資本家得一半的價值也是三先令所以利潤率是百分之百了。又如果勞動

第十二章 利潤工資及價格的一般關係

僅得二先令（即勞動者為他自己勞動不過是一勞動日的三分之二）資本家就得四先令，而利潤率就是百分之二百了。又如果勞動者得四先令而資本家僅得二先令資本家的利潤率就低落了百分之三十三又三分之一（註二）然一切的變動，對於商品的價值是絕對不發生影響的。所以工資一般的騰貴時利潤即起一般的低落然而對於商品的價值仍是無絲毫影響。但是商品的價值——即最後決定商品市場價格的價值——雖是單只根據固定于商品上的勞動量全部而決定，而且不是由這種勞動分為有報酬勞動和無報酬勞動的所能左右但在十二時間內生產一個單位的商品，或一批商品的價值，並非無論什麼時候都是不變的。在一定勞動時間內或以一定的勞動量生產的商品的數量，是依着雇用的勞動生產。而勞動生產力如何而決定並非依着勞動的廣或長（即範圍）而決定的。例如紡織勞動的生產力強時，一個十二時間的勞動日可以生產十二磅的紗，生產力比較弱的時候僅能夠生產二磅的紗現在假定十二時間平均勞動的價值等於六先令那末在第一種情形就是

十二磅紗的價值等於六先令在第二種情形卽是二磅紗的價值也等於六先令所以一磅紗的價值，在前者為六辦士（一先令等於十二辦士）在後者為三先令因此我們可以知道價格的差，是由勞動生產力的差異發生的。卽勞動生產力較大的時候，一時間的勞動可生產一磅紗，勞動生產力較小的時候六時間才能生產一磅紗所以一方雖工資較高而利潤率較低而一磅棉紗的價格只是六辦士他方工資較低而利潤率較高而一磅棉紗的價格反是三先令了。這是什麼緣故呢？因為棉紗一磅的價值，因依着紗上所消耗的勞動繼量而決定並非依着這勞動繼量分為有報酬勞動和無報酬勞動的比例而決定的因此我從前所說價格高的勞動可以生產低廉的商品而價格低的勞動反可以產生高價的商品這種事實到了現在自然明白了。我以上的說明不過是以下這種一般的法則卽「一切商品的價值是因消耗在商品上的勞動量而決定而消耗在商品上的勞動量又因勞動生產力的強弱而決定所以又是跟着勞動生產力的一切變動而發生變動的」

(註一)此處所說百分之三十三又三分之一這個數目似有錯誤應該是百分之五十參照英國社會勞動黨發行的原本及德國譯本的腳註。

第十三章 勞動者運動增加工資或反抗減少工資的重要事例

我們現在對於勞動者運動增加工資，或反抗減少工資的重要事例慎重的考究一下。

第一、勞動力的價值，通俗又稱為勞動的價值，是因生活必要品價值，或因生產必要品所要的勞動量而決定的。我們前已說明了。例如某一國的勞動者每日平均所需必要品的價值是三先令（這三先令，就是代表他每日間六時間勞動的價值）那麼勞動者因要生產他每日等價的生活資料，每日必須勞動六小時，如果勞動者一日的勞動時間為十二小時，則資本家只要支付勞動者三先令，就可做為支付他一日的勞動價值。於是勞動者

一日的勞動時間只有一半是有報酬的勞動其餘一半就變為無報酬的勞動同時資本家所得的利潤率即上昇到百分之百了但共生產力減退稀即產生同量農產物也比較要多量的勞動今假定勞動者每日平均所需必要品的價格從三先令漲到四先令勞動的價值即騰貴三分之一（即百分之三十三又三分之一）這時候勞動者依照以前的生活標準，欲生產他們每日生活必要品的價值時必須在每勞動日內勞動八時間因此剩餘勞動即由六時間減至四時間利潤率即由百分之百低落到百分之五十了但是勞動者要求工資增加不過是主張要取得他勞動所增加的價值正和一切販賣商品的人因商品上增加費用欲收回他所增加的價值同一用意。如果工資沒有騰貴或縱然騰貴也不過抵償必要品上增加的價值那末勞動的價格必定低落到勞動價值以下而勞動者的生活標準也必定同時退化。

但是，有時在和上述反對方面也可以發生變化因勞動生產力增高勞動者每日平均

十三章　勞動者運動　加工資　反抗減少工資的重要事例

必要品的同量價值，也從三先令低落到二先令，又再生產和勞動者每日所需必要品等價的價值時，從前要於一勞動日中花費六時間，現在只要四時間，就夠了。這時候勞動者從前要三先令買得的生活必要品現在只要二先令，就可買得。實際上勞動的價值雖然低落，但把這低落了的價值也可買得和以前同量的商品。由此，利潤從三先令漲到四先令，但他的相對的工資（註二）及在社會上相對的地位和資本家相比較仍舊低落了。如果勞動者反抗這相對工資的減少，那末這不過是對於勞動者絕對的生活標準雖和以前同樣，但他的相對的工資即由百分之二百漲到百分之二百。對工資的減少，那末這不過是對於勞動生產力的增加想取得相當代價，或維持他在社會上從前的相對地位罷了。所以英國的工廠主於穀物條例（由外國輸入本國的穀物抽收關稅的法律）廢止後把運動廢止穀物條例當時所嚴定的約束完全破壞並且把一般的工資減少了百分之十而勞動者的反抗起初沒有奏效（註二）。我現在也不能詳述這些經過其後以種種事情的結果又把這減少的百分之十從新恢復了。

（註一）所謂相對的工資是對於資本家的利潤的關係上所觀察的工資即對於生產物總額的工資分配。參照「資本論」第一卷第四篇「相對的剩餘價值的生產」一章及「工資勞動與資本」（本叢書第四種）

（註二）一八四六年至一八四七年是事業極端停滯的期間。

第二　必要品的價值及勞動的價值雖然仍和從前相同但因貨幣價值先發生一種變化，所以必要品的貨幣價格也可以發生變化。

例如因豐富的鑛山的發見及其他結果，在從前生產金一溫司（Ounce）的勞動現在可以產生二溫司。因此金的價值減少了二分之一或百分之五十而一切商品的價值也比從前增加了一倍即是要二倍于從前的貨幣價格才能表現出來勞動的價值也和其他商品相同從前十二時間的勞動價值是六先令到了現在就是十二先令了。如果勞動者的工資不增加至六先令依舊是三先令。他的勞動的貨幣價格不過是從前勞動價值之半而他

第十三章 勞動者運動增加工資或反抗減少工資的重要事例

第三 從前我們假定勞動日（一日的勞動時間）有一定的限度但勞動日本身却沒有不變化的限度。在資本家方面的理想只要有生理上的可能縱極端的延長勞動日，他是歡迎的。因為剩餘勞動及由剩餘勞動生出的利潤是以同一的程度增加的、資本家方面，把

國所以一般的而且同時的發生增加工資的計劃可以由這件事說明出來。

良銀鑛作業或以廉價供給水銀等的結果都可以使貴金屬的價值再為低落歐洲大陸諸

心注意的利用這種好機會來欺騙勞動者據多數經濟學者的證明新發見金鑛地方或改

名目的報酬了徵諸一切過去歷史上的證明無論何時凡貨幣價值的低減資本家必定細

候，如果說勞動者不應該主張工資照比例的騰貴那就是說他不可注重物質而必須滿足

給或價值等上面發生了什麼變化不過這些價值的貨幣名目上發生了變化罷了。在這時

或比例的騰貴這種現象也多少會發生的。在這種情形之下並非勞動的生產力需要及供

的生活標準一定會大大退化的。縱然勞動者的工資稍有騰貴如果不是和金的價值低落

勞動日愈延長他得勞動者的勞動量必愈大自十七世紀至十八世紀最初三分之二的期間，英國全體都是以十小時的勞動日爲通常的勞動日當反雅各賓戰爭——(The Anti-Jacobin war) 之際，——事實上這是英國貴族對于英國勞動者團體的一種戰爭——資本家慶祝自己的勝利把勞動日從十時間延長到十四時間乃至十八時間馬爾薩斯(Malthus) 本不是一個情感最深的人但他於一八一五年曾著一本小册子 (Pamphlet) 說「這種狀態如果再繼續下去將來國民生命的根基必定從此斬斷」新發明的機械還沒有一般的應用前數年大概是一七六五年有一個匿名氏的著者用「實業論」的題目在英國公布一種小册子力言勞動日之限度有延長的必要，——他居然自稱爲勞動階級的公敵——他爲達目的所擇手段中主張設立「工作廠」(Working house) 他說這種工作廠，又可稱爲「恐怖院」(Houses of terror) 他規定這個「恐怖院」的每日勞動時間爲十二小時正和那班資本家經濟學者及各部大臣等所規定的現行勞動時間相同；甚至規定十

第十三章　勞動者迎勵加工資或反對減少工資的重要事例

勞動者賣勞動力給資本家，所以把勞動力的消耗讓給資本家。勞動者賣勞動力給資本家在現行制度之下，雖是無可如何的事但也得要在一定合理限度以內我們要知道勞動者的出賣勞動力，除自然的消耗外他是欲維持他的勞動力不是欲破壞他的勞動力。他把他的勞動力的價值、一日或一星期的出賣時只可以消耗他一日或二星期的勞動力（註三）。例如有一架價值一千磅的機械如果只能使用十年的期間那麼他每年所幫助生產商品的價值上應該附加一百磅的價值。如果他只能使用五年的期間那麼他每年所幫助生產商品的價值上應該附加二百磅的價值。換句話說機械每年消耗的價值，與他消費的速度成反比例。這一點正是勞動者和機械不同的地方機械的使用和他的消耗不一定是在同一的比例。人類正與此相反；他的衰朽，在比例上比從工作的數字上看起來還要大得多。

二歲以下的幼年工人也須工作十二小時。

（註三）參看「資本論」第一卷第三篇第八章第一節。

勞動者希望把勞動日縮短到從前合理的範圍或他們不能強迫規定正當勞動日的時候，他們即企圖增加工資——這種的工資增加不但是以被掠奪的剩餘價值為比例且要以比這種價值更大的做比例，——以防止過度的勞動他們這種企圖也不過是對於他們自己或他們的種族履行一種義務，並且僅僅是對於資本家無限的慾壑設一種制限罷了。

時間，本是人類發達的根源。一個人如果沒有處理一切的自由時間，那麼，他的一生除飲食睡眠及其他生理上的必要有所間斷外必定完全為資本家勞動而犧牲連那行遠載重的牛馬都不如了。他不過是一架替別人生產財富的機械，不獨身體傷壞即心思也已獸化了。據近代產業史上所載：如果資本的發展沒有相當的制限，則可以使勞動階級全體陷于極端的退化狀態。

第十三章 勞動者運動把加工資或反抗減少工資的重要事例

資本家延長勞動日一面支付較高的工資他方仍可減少勞動的價值他所增加的工資總不能比他掠奪的勞動價值更大所以勞動力比較的易於衰落也是這個原因這種事情用別的方法也可表現出來的。例如有產階級的統計上所載蘭卡邑（Lancashire）的職工家族的平均工資已騰貴但以下的事實不可忘却即實際上從前單只家長（男子）從事勞動到了現在而他的妻及三四個小孩子恐怕全數投於資本家由他一家所掠奪剩餘勞動車論（註四）之下而所謂騰貴的工資總額還不能抵償資本家查干那特（Juggernant）車輪的價值，總額的價值，

（註四）印度神話中所載柯里宿那（Krishna）（印度的神靈俗說是 Vishnu神的化身）偶像每年把這個偶像安置于很大的車上將車拖運排隊遊行多數信徒以被這車輾斃爲光榮信爲魂歸樂土甚至有自投車下的人。

勞動者的勞動日縱令設立一定制限——現在適用工廠法的各種產業均設有此種

制限——者欲單只維持原來勞動價值的標準那工資的增加還是必要的事情因為勞動強度 (Intensity)（註五）增加後一個人從前在二時間內所消費的精力和現在一時間內所消費的是同樣。在現代工廠法之下的事業中，因機械運轉速度之增加和一人擔任監督工作機械數目的增加當然能夠實現上述的事實如果勞動的強度，換句話說：一時間內消耗勞動量的增加和一日勞動時間的縮短，能夠保持正當比例勞動者還可獲得相當利益。如果超過這種制度則勞動者一方面所獲得的又爲他方面所剝奪。所以十時間的勞動，和以前十二時間的勞動，都是同樣有害的勞動者努力於工資的增加使工資和勞動的強度符合而限制資本的發展但這不過是反對勞動的退化和他們種族的墮落罷了。

（註五）勞動生產力的增加和勞動能率的增加，特明白區別如下：**勞動生產力的增加**，是以同量的勞動比較多量的生產物因此一個單位的生產物中所含的勞動量比普通一個單位的生產物中所含的勞動量爲少同時他的價

九三

第十三章 勞動者運動增加工資或反抗減少工資的重要事例

值也要減少。反之勞動率的增加是在一定時間內產生比較多量的勞動。因此在同一時間內所生產的生產物分量雖有增加而一個單位的生產物中所含的勞動量仍是不發生變化。參照「資本論」第一卷第四篇第十三節。

第四 你們都知道資本家的生產從我現在省略了說明的各種原因看來、是經過一定定期的循環而進行的。換句話說就是在生產過程中經平靜遞增的趨勢暢旺事業過剩恐慌及停滯等種種狀態而進行的。各種商品的市場價格及利潤的市場率跟著這些情形或低落于他們的平均點下或上騰到他們的平均點上假若你們考察經濟變動的全時期你們就會發見市場價格的一方的歪曲由他方的歪曲補正再則把全期時期的價格變動平均計算那各商品的市場價格是由商品的價值決定的。在市場價格下落時期及恐慌和停滯時期中縱然勞動者不全然失業但他們的工資一定會下落的。如果勞動者不甘心受逆

禮歇驅雖在這種市場價格下落期間，他們一定會囘資本家抗爭工資應該減少到什麼程度。勞動者在資本家能夠得到超過利潤的暢旺時期，如果不要求增加工資我們產業循環的一週期平均起來他能夠得到他的平均工資——即勞動的價值——都一定不能夠得到。在產業循環期的衰歇時期勞動者的工資不用說是減少了的，但在暢旺時期應該要求增加工資，都不去要求以補償損失這是愚蠢已極了。一般的說來一切商品的價值要依商品不斷變化的市場價格的高低來相抵才能夠實現出來。而這種市場價格又不用說是由需要供給的不斷的變化而發生的在現在制度基礎之下勞動和他種商品也不過是一種商品。所以勞動他須經過同一的波動才能達到和他的價值相等的平均價格。如果一方面把勞動看做是一種商品他方面不許他適用規定商品價格的法則豈不是荒謬絕倫嗎？奴隸的生活資料到是永久安定，而工資勞動者則不能。工資勞動者若要補償減少一期間的工資減少，就非在他期間努力于工資的增加不可。如果勞動者甘心承認資本家的意志及指揮爲一

第十四章 資本和勞動的鬥爭及其結果

種永久的經濟法則,他就不唯不能享受奴隸的安定生活簡直是和奴隸平分一切貧窮了。

以上我收羅對於增加工資的一切意見大概完全了。你們要知道:增加工資的要求,是由未增加以前的變化而來的。所謂各種先行變化即是生產量勞動的生產力勞動的價值貨幣的價值被榨取勞動的範圍或強度市場價格的動搖——因需要供給的變化及產業循環期中的盛衰期前的動搖——等的必然的產物簡單的說這種增加工資的要求,就是勞動對于資本的先行動作的反動了。你們如果丟掉這些先行變化去討論增加工資的鬥爭又只考究工資的變動,而忘却這變動所由來的他種變動,這就是和因為要達到錯誤的結論,而從錯誤的前提出發同一愚行了。

第十四章 資本和勞動的鬥爭及其結果

第一 勞動者常常反對減少工資,及想獲得增加工資的計畫等,是和工資制度不能

分離的；因為勞動既然和商品相同他就應該受規定價格一般變動的法則所支配再則，工資一般的騰貴即惹起一般利潤率的下落但對于諸商品的平均價格或價值沒有什麼影響；這些事情我都已說明過了。最後的問題就是資本和勞動不斷的鬥爭時勞動能夠成功到什麼程度？

我可以用一般的話來答復這個問題。勞動和其他一切商品相同，他的**市場價格**在長期間內終久要適應他的**價值**。所以無論那**市場價格**是否高低無論**勞動者**怎樣行動他所得的平均計算起來只是他的勞動的價值，這種勞動的價值即是他的勞動力的價值而這種勞動力的價值又是因維持他及再生產他所要的必要品的價值而決定；而這些必要品的價值又畢竟是由生產這些必要品的勞動量而決定的。

但是**勞動力的價值或勞動的價值**有幾個特徵和其他一切商品的價值區別。勞動力的價值由兩種要素構成：一種是生理的要素；一種是歷史的或社會的要素。但勞動力的價

第十四章 資本和勞動的鬥爭及其結果

值的最終限度是由生理的要素決定的。換句話說：勞動階級者要維持自己而且再生產自己使永續他的生存那就非取得生存和繁殖上絕對不可少的必要品不可。所以這些不可少的必要品的價值就構成勞動價值的最終限度他方，勞動日（一日的勞動時間）的範圍（長度）也是由他的生命力每月的消耗超過一定的限度，他就不能每日如常反覆的發揮他了。但這種限度很富于屈伸性的限界而制限的這最終的限度由勞動者生理的力而規定。如果他的生命力每月的消耗超過一定的限度，他就不能每日如常反覆的發揮他了。但這種限度很富于屈伸性而且長命的一代相同能夠維持勞動市場的現狀。

除了這種生理的要素外勞動價值無論在何國都是由傳統的生活標準（註二）決定的。這生活標準不是簡單的生理生活（即維持生命，）實是從各種社會條件——誰人都是在這條件之下成長的——發生的一定慾望的滿足。但這並非生存上絕對的必要要素。所以英格蘭的生活標準或可低落到愛爾蘭的生活標準德意志農民的生活標準或可低

九八

落到里窩尼亞（Livonia）農民的生活標準你們如果讀了吞噬Thrnton 82—1908的「人口過剩論」就會知道這種歷史的傳統和社會的習慣和生活標準有重大的關係了。吞氏在該論文中指示英格蘭各種農業地方的平均工資到今日還有高低的差別，即脫離農奴狀態當時情形好的地方工資就可增加，否則工資只有低減。

（註一）這是以後所說的「歷史的或社會的要素」

勞動價值裏面這種歷史的或社會的要素，——據那位執迷不悟尸位素餐者佐治洛茲（Cerge Rose）老先生說這戰爭是從法國異教徒的侵害救出我們神聖宗教的慰安而起的，——消滅殆盡。反雅各賓戰爭的時候，可以擴張，可以縮小，又可以除了生理的限度外，

我在前章曾表示十二分敬意的英國善良農業經營者把農業勞動者的工資削減到生理上最小限度以下然後用「救貧法」去補他們的不足。使們的種族繼續繁殖這種處置，是使工資勞動者變為奴隸而且使莎士比亞所描寫的高傲的小農變為被救恤者的不二

第十四章 資本和勞動的鬥爭及其結果

決鬥。

假若你們比較各國的標準工資或勞動價值，又或比較一國內各種相異的歷史時代，你們就會發見：勞動價值的本身——雖假定其他一切商品的價值是不變的——不是固定的，實則可以變化的量。

這種同樣的比較又可以證明：不僅利潤的市場率是變動的，即利潤的平均率也是變動的。

但是就「利潤」方面說來，並沒有決定利潤最低限度的法則，我們也不能夠說利潤低下的最終限度是什麼我們為什麼不能夠確定利潤的限度呢？因為我們雖能確定工資的最低限度却不能確定他的最高限度我們能夠說的是：（一）如果勞動日（一日的勞動時間）的限度有了一定，利潤的最高限度就實和工資的生理最低限度（即勞動者生活最低限度）一致（二）又如果工資有了一定限度，利潤的最高限度就會和那種與勞動者體力相

容的勞動日（一日的勞動時間）的延長一致，所以利潤的最高限度是依工資的生理最低限度及勞動日生理的最高限度制限的。在這利潤率的最高限度與兩個限度間可以有變動廣大的等差，自不用說。但利潤率實際上的限度，是由資本和勞動間不斷的鬥爭而決定的。換句話說：資本家在一方面不斷的努力把工資減少到他生理的最低限度以下，或把勞動日延長到他生理的最高限度反之勞動者在他方面努力和資本家對抗。

因此鬥爭者間的實力如何就可以決定一切情形了。

第二、現在且把勞動日（一日的勞動時間）的制限研究一番英國勞動日的制限和其他各國相同如果沒有立法的干涉到底不能決定又如果沒有勞動者繼續的從外面壓迫又是絕對不能實現的。總之這種結果，決非勞動者和資本家間的私人的協定所能得到。這種一般政治活動之所以必要正因為資本家在純粹經濟活動上比勞動者的勢力大得多的緣故。

第十四章 資本和勞動的鬥爭及其結果

又把勞動價值的限度研究一番。決定勞動價值的限度實際上是由於需要和供給的關係。此處所謂需要是指資本家方面的勞動需要所謂供給是指動勞者方面的勞動供給。在殖民地的國家需要供給的法則有利于勞動者所以美國的標準工資比較的高貴資本雖可以在美國充分的發展但對於因工資勞動者不斷的轉變爲獨立農民而發生勞動市場的供給不足到沒有什麼具體的力量去妨礙他在大多數的美國人眼中看來工資勞動者的地位不過是一種學徒的狀態他們遲早總會脫離這種狀態而變成中產階級的美國的母國，——英國，——因爲要改良這種殖民地的狀態暫時採用近代的殖民政策把殖民地的物價特意的抬高去防止工資勞動者急速的轉變獨立農。（註二）

（註二） 參照「資本論」第一卷最後章「近世殖民論」

如今再把資本支配生產全過程的舊文明諸國考察一番例如。一八四九年至一八五九年間英國農業工資騰貴其結果是什麼樣呢？——「農業經營者，——我的朋友威斯敦君，

誘勸他們這樣的做去，——旣不能抬高小麥的價値，又不能增加小麥的市塲價格反束手無策的任他的市塲價格下落。但是在這十一年間他們應用各種機械採用合于科學的方法把一部分耕地轉換爲牧塲增加農地的面積而擴張生產的規模等等；因以上各種方法及其他經營那勞動的生產力，因此增加所以對于勞動的需要就漸次減少而農業上的人口就漸次呈比較的過剩狀態了這就是資本對于工資騰貴發生反動時各舊國早晚所實行的一般政策李嘉圖（Ricardo）曾指點說：「機械和勞動，常立于不絕的競爭地位。縱或發明了某種機械而這機械要勞動價格達到一定高度以後才能採用」但是，機械的應用不過是增加勞動生產力的許多方法中的一種罷了再則使勞動者的供給過剩就是使他的熟練勞動化爲簡單並且使他的價值低減。

同一的法則，又可以用別種方法表現勞動的生產力愈加發達資本的蓄積也愈加迅速雖工資率比較騰貴也不能阻止這種傾向。于是就有人說：——正和亞丹斯密在那產業

第十四章 資本和勞動的鬥爭及其結果

尚幼稚時代的推論一樣，「資本這樣的加速度的蓄積，可以保障對于勞動者勞動需要的增加結局是有利于勞動者」又在今日有許多人從同一的觀察點考究覺得過去二十年間英國的資本增加比他的人口增加不知多幾倍然而工資卻沒有這麼樣的騰貴奇怪不過。

其實這種現象並不足奇因為資本蓄積的進行中那資本的構成上同時起一種遞增的變化資本的全部裏面固定資本——如機械原料及其他各種生產手段——和購買勞動所用的（工資）資本一比他的數目總是逐漸遞增的這種法則已經由巴吞（Barton）李嘉圖西思蒙第（Simondi）瓊斯教授（Professer P. Jones）來木養（Ramsey）教授，社耳步雷（Cherbuliez）及其他學者正確的——雖有多少差異——敘述出來了。

如今假定資本的這兩種要素（固定資本及流通資本）本來的比例，是一對一但跟着產業的進步他的比例就變為五對一或其他的數目又假定總資本六百元內把三百元

以為購買勞動工具原料及其他物品把三百元支付工資，如果想把三百勞動者增加到六百只須把總資本增加一倍就夠了。但是總資本六百元內有五百元是投于機械原料及其他物品只有一百元支付工資如果想把三百勞動者增加到六百，那就非得把總資本從六百元增加到三千六百元不可了。所以在產業進步中勞動需要決不能和資本的蓄積並駕齊驅。勞動的需要雖有增加但和資本的增加比就不過是在遞減的數字上的增加罷了。

（註三）

（註三）　參照「資本論」第一卷第七篇第二十三章

以上的幾點可以充分的說明以下各種事實：（一）近代產業發達的趨勢，漸次傾向有利于資本家而不利于勞動者方面；（二）其結果，資本家的生產，不唯不能提高工資的平均標準率反可使他低下並且把勞動價值拉下到他的最低限度但是在這種制度內的情形雖然是如上述的傾向但還並非表示勞動者必須斷念他們對于資本掠奪的鬥爭並且必

第十四章 資本和勞動的鬥爭及其結果

須棄却利用不時的機會去改善他們一時生活的企圖。他們如果這樣的做，一定會墮落到和劣敗者同樣的羣衆隊裏去。我想我已經說明過以下各種事實了即（一），勞動者對于工資標準的鬥爭，是和全工資制度不能分離的附屬事件；（二）他們企圖工資增加的努力百回中有九十九回是為了維持他們的勞動價值所以必須和資本家鬥爭，正因為他們是在把自己當做商品賣給資本家的固有狀態。他們在和資本家日常的鬥爭，如果畏縮不前他們就一定沒有資格去做更大的運動了。

但是同時除了工資制度內所含的一般隸屬狀況不計外勞動階級切不可自矜那些日常鬥爭最後的效果。他們切莫忘却他們是為結果而鬥爭不是為結果的原因而鬥爭；他們只是阻止一種向下的運動，不是變更這運動的方向，他們用一種姑息手段來治病症，不用根本療法去醫病源。所以他們切莫把自己的精力只專用在這些不可避免的小戰鬥上面，——這些小戰鬥是由資本家不知厭足的掠奪及市場的變態不斷發生的。他們必須

理解現代的制度,一切貧窮都加于他們身上同時又圍繞了社會經濟改造上必要的物資條件及社會形態他們應該廢止那種保守的格言:「對于正當工作的正當工資」必須打着革命的旗號高喊「廢止工資制度」

我因爲要把現在的問題公平討論所以不得已說了許多深奧的話我想你們必定聽得不高興了。如今解說完了我且把以下的斷案說了作個結論罷:

第一 工資率的一般騰貴縱會惹起一般利潤率的下落但廣泛的說來,對于商品的價格不發生什麼影響;

等二 資本家生產的一般傾向不是提高工資的平均標準却是低下工資的平均標準;

第三 勞動組合,是對抗資本掠奪的有效結合他們因爲不善運用他們的力,所以部分的失敗了;但是,他們如果單只爲對于現在制度的結果而實行小戰鬥(註四)

第十四章 資本和勞動的鬥爭及其結果

同時如果不努力于變更現存制度,再則如果不把他們的組織力去幫助勞動階級的最後解放,(即廢止工資制度)那末他們一定會全部失敗的。

(註四) 卽「如果不把現在制度的資本主義實行打破而反企圖和從這制度所生的結果實行小戰鬥……」的意味。

一八七七,十二,下午。

馬克斯

工資價格及利潤

版權所有機不許翻印

中華民國一六年四月初版

原著者　馬克斯
翻譯者　朱應祺
發行者　趙南公
印刷者　上海泰東圖書局
總發行所　上海四馬路中市泰東圖書局
分售處　各省各大書局

定價　大洋二角　外埠函購郵費加一